PwC あらた有限責任監査法人 [編]

経営監査への
アプローチ

企業価値向上のための
総合的内部監査 **10** の視点

清文社

は じ め に

　日本版スチュワードシップ・コードに続き、日本版コーポレートガバナンス・コード（いわゆる2つのコード）が導入され、いよいよ企業価値創造をめぐる競争の焦点は「形式」から「実質」へとシフトしようとしています。2014年の会社法改正を基礎として、企業のガバナンス機関設計の自由度も高まった今、国境と時間軸とを超えて様々なステークホルダー（利害関係者）が持続的に企業価値を創造する力や「稼ぐ力」そのものに注目しています。

　例えば、国内外の機関投資家は、短期志向（ショートターミズム）を超えて中長期の価値創造を実現してくれる投資先を見つけようとし、年配の個人投資家は超長期投資の一環としての相続銘柄の対象となりうる企業を選別しようとしています。

　また、人の移動の自由化や転職市場の隆盛を背景として、世界の各地域の従業員は、より働きがいのある職場を探すとともに、自己実現が可能でより労働市場で差別化できる企業を探そうとしています。

　さらに企業経営者は、常勤・非常勤を問わず経営意思決定や執行のあり方について、社内外のステークホルダーに透明性のある十二分な説明をすることに力を注いでいます。

　「企業は誰のために（何のために）あるのか、そして、企業の持続的な価値創造はどのようにすれば実現できるのか」という問いは、経営者が向き合うべき最も根源的な経営課題の1つであると考えます。本書は、この問いに対して、リスク管理や内部監査の実務面からの解を見出すことを目標としています。従来の伝統的な内部監査のあり方に、どのようなイノベーションを巻き起こし、どのように考え、どのように行動すれば、経営者や社内外のステークホルダーの期待により一層応えられるようになるのか。経営に資する内部監査、すなわち経営監査のあり方とは何か。

これらの課題解決につながるヒントを共有させていただくために「経営監査へのアプローチ」と題して、10の切り口から具体的な取組み課題と対応実務を紹介するものです。

まず、第1章では、「2つのコードで何が変わったのか―いま求められる「稼ぐ力」」と題して、経営監査に期待が寄せられる制度的な背景を俯瞰します。

次に、第2章では、内部監査をめぐるグローバルトレンドを解説します。財務報告に関わる内部統制報告制度（いわゆるJ-SOX、中国版SOXやインド版SOXなど）を理解した上で、内部統制やリスク管理のフレームワークに関するグローバルスタンダードの1つである改訂COSOフレームワークや、現在改訂が行われているCOSO ERMのフレームワークを概説します。その上で、国境を越えたグローバル内部監査に取り組むためのポイントについて解説します。

続く第3章では、企業価値創造に大きなインパクトを与え得る組織再編や事業再編、業界再編に伴うビジネスモデルの強化に焦点をあてて、内部監査の貢献を考察します。具体的には、M&Aやその後の経営統合プロセス、組織再編や事業再編に際しての内部監査の向き合い方に加え、委託先（アウトソーシング）に関わる内部監査の役立ちについて解説します。

国境を越えてグローバルに企業価値を成長させるためには、国内のみならず海外の法規制について理解をした上で適切な対応がなされているのを確認することが重要になります。そこで、第4章では、グローバルコンプライアンスの動向を俯瞰し、内部監査の取組みのポイントを考察します。また、第5章では、PwC税理士法人の監修を得て、もはやコンプライアンスの領域にとどまらなくなったグローバル税務リスクマネジメントのあり方と内部監査の使命について解説します。

第6章と第7章では、ITの進化や増大するデータを企業価値創造にどのように活かすのかというテーマに注目し、サイバーセキュリティ対応

やIT統制の強化、IT監査の高度化について俯瞰します。昨今の急激なデータ量の増大は、企業経営や内部監査部門にとっての機会とリスクの双方になり得ます。どのようなITシステムを活用し、どのような業務プロセスを通じて信頼性の高いデジタルデータを生成していくか、さらに、どのような方法でそのデータを分析して示唆を得るのかというデジタルトラストとデジタルトランスフォーメーションのあり方がいま注目されています。データの洪水に溺れることなく、適時・適切にデータ分析を経営意思決定やそのモニタリングに活用できるか否かが、重要な企業競争力の1つとなっているとの認識のもとで、具体的なデータ分析の活用方法や、定期的な監査の概念を転換した常時継続的な継続監査のあり方について考察します。

　事業環境が複雑化し、事業活動が国境を超える中で、ほぼ不可避的に発生・発覚する企業不祥事にどのように向き合うべきかというテーマは、経営として備えをしておくべき課題の1つです。そこで、第8章では、不正や不祥事への対応のあり方として、不正リスクの見える化を通じた不正リスク管理体制の改革の重要性を共有した上で、不正対応に関わる各種のガイドラインや規制などを理解するとともに、会計不正や会計以外の不正への向き合い方について考察します。

　第9章では、これまでの内部監査では、必ずしも注目されにくかった論点、具体的には、財務・非財務情報や短期・中期・長期の企業価値創造にフォーカスした統合報告の動きや、ESG情報について解説します。加えて、年度を超えた中期事業計画に関する内部監査の役立ちや、ダイバーシティ経営に関わる内部監査のあり方についても考察します。

　最後の第10章では、経営監査への道のりに焦点をあて、その一例として内部監査の外部品質評価を起点とした経営監査への挑戦を始めていくことについて紹介します。その上で、グローバルレベルで重要なリスクを適切に管理するための実務的な工夫の1つである「グローバル・アシュ

アランス・マッピング」の活用方法を紹介するとともに、組織慣性・組織文化としてリスク対応能力を高めるリスクカルチャーの醸成のポイント、さらには、想定外の事態に組織全体で柔軟に対応するためのリスクレジリエンスのあり方についても考察します。その上で、内部監査部門としてどのように変革を実践していくか、最新のPwCの内部監査全世界実態調査から得られた示唆を紹介します。

　企業価値創造のための内部監査のイノベーションは、それ自体が企業価値を構成する要素の1つとなります。内部監査を、どの範囲で、どれくらいの期間にわたり、どのように行っているのか、そしてそこにどのような新しい革新的な実務を持ち込んでいるのかという経営監査への挑戦姿勢や試行錯誤の過程を、積極的かつ適切に社内外のステークホルダーに開示し対話していくことそのものが、新たな企業価値創造の一歩になります。

　本書は、日頃ビジネスの現場でリスク管理や内部監査、不祥事対応やデータ分析活用などに多くの時間を使い、魂を込め、汗をかいている実務担当者が、それぞれの現場感と得意分野における示唆を持ち寄ることで編成しました。内部監査部門の方々はもとより、取締役や監査役、さらにはリスク管理部門や経営企画部門の方に本書を手に取っていただき、スクラムを組んで企業価値創造とそれを支える基盤としての経営監査のあり方を議論し、挑戦し、実践していく一助となれば望外の喜びです。

　2016年12月

編著者を代表して
PwCあらた有限責任監査法人
内部監査サービス責任者
パートナー　出口　眞也
データアシュアランス責任者
パートナー　久禮　由敬

目次

はじめに

第1章　2つのコードで何が変わったのか
―いま求められる「稼ぐ力」

第1節　会社法改正と2つのコードのインパクト ‥‥‥‥‥‥‥‥ *2*

1　企業の持続的成長を促す制度の拡充　*2*

2　会社法改正と2つのコードの導入により
何が変わったのか　*2*

第2節　コーポレートガバナンス・コードで求められる
「攻め」と「守り」のガバナンス態勢 ‥‥‥‥‥‥‥‥‥‥ *6*

1　コーポレートガバナンス・コードの狙い　*6*

2　実効的なコーポレートガバナンス態勢の構築　*6*

3　コーポレートガバナンス・コードが要求する
内部監査の役割　*8*

第3節　コーポレートガバナンス・コードの時代に内部監査部門は
何を期待されているか ‥‥‥‥‥‥‥‥‥‥‥‥‥‥‥‥ *11*

1　持続的な企業価値創造への内部監査の貢献　*11*

2　「攻め」と「守り」のコーポレートガバナンスへの内部監査の
貢献　*11*

3　内部監査の「True North」を目指す　*14*

第2章　内部監査とリスクマネジメントの
グローバルトレンド

第1節　内部統制報告制度（J-SOX）の再発見 ‥‥‥‥‥‥‥‥ *18*

1　なぜいま、J-SOX を見直す必要があるのか　*18*

2 J-SOX を見直すための原点
  ―減らない会計不祥事と不適切事案　*19*

3 ポイント①：予定調和を排除する　*20*

4 ポイント②：効率化・高度化を図る　*21*

5 ポイント③：新規拠点などを注視して J-SOX を自主的に
  早期適用する　*22*

6 ポイント④：持続的に内部統制の最適化に挑戦する　*22*

第 2 節　中国・インドにおける内部統制報告制度の概要　…………　*25*

1 中国における内部統制報告制度　*25*

2 インドにおける内部統制報告制度　*26*

第 3 節　COSO 内部統制フレームワークの改訂　………………　*28*

1 COSO 内部統制フレームワークの改訂の目玉　*28*

2 米国における COSO 内部統制フレームワーク改訂の影響　*28*

3 日本における COSO 内部統制フレームワーク改訂の影響　*31*

第 4 節　COSO ERM フレームワークの改訂動向　………………　*33*

1 内部統制フレームワークと ERM フレームワークの関係　*33*

2 COSO ERM フレームワーク改訂に向けた動き　*34*

第 5 節　企業活動のグローバル化と内部監査部門の役割　………　*37*

1 J-SOX の経験を活かした内部監査のグローバル化　*37*

2 ポイント①：社内においてグローバル内部監査の枠組みを
  確立する　*38*

3 ポイント②：各国・地域の制度監査を最大限活用する　*40*

4 ポイント③：グローバルリスクライブラリを活用する　*42*

第 3 章　組織再編・M&A・経営統合と内部監査

第 1 節　グループ内の組織再編・事業再編と内部監査　…………　*44*

1　組織再編・事業再編の重要性　*44*

　　2　組織再編・事業再編の検討・計画　*44*

　　3　組織再編・事業再編の実行　*45*

第2節　グループ外企業とのM&A・経営統合……………………　*47*

　　1　M&A・経営統合の重要性　*47*

　　2　個々のM&Aや経営統合に関する内部監査部門の貢献　*47*

　　3　M&A・経営統合に伴う内部監査部門の統合と強化　*52*

第3節　外部委託先（アウトソーシング）監査　………………　*59*

　　1　外部委託先に対する内部監査の重要性　*59*

　　2　外部委託先に対する内部監査の必要性　*61*

　　3　外部委託先に対する管理態勢の構築・強化のポイント　*62*

　　4　外部委託先に対する内部監査のポイント　*62*

第4章　グローバル・コンプライアンスと内部監査

第1節　グローバル・コンプライアンスの動向と実務対応　………　*66*

　　1　グローバル・コンプライアンスに対する注目度の高まり　*66*

　　2　グローバル・コンプライアンスの範囲と類型　*68*

　　3　経営者から見たグローバル・コンプライアンスに関する
　　　優先テーマ　*69*

第2節　データ・プライバシーに関するグローバル・コンプライアン
　　　スと内部監査　………………………………………………　*71*

　　1　データ保護をめぐる近年の各地域の規制の動向　*71*

　　2　データ保護に関する内部監査部門の貢献　*74*

第3節　贈収賄に関するグローバル・コンプライアンスと
　　　内部監査　………………………………………………………　*76*

　　1　贈収賄をめぐる近年のグローバル規制の動向　*76*

2　贈収賄規制に関する内部監査部門の貢献　　*79*

第4節　**業界固有のグローバル・コンプライアンスと内部監査**
　　　　―製薬業における透明性開示規制 ……………………… *83*
　　1　製薬業界におけるグローバル・コンプライアンスの重要性　　*83*
　　2　透明性開示規制の概要　　*83*
　　3　透明性開示規制に対する内部監査部門の貢献と実務上の
　　　　ポイント　　*85*

第5節　**広域経済連携等のグローバル・コンプライアンスと**
　　　　内部監査 …………………………………………………… *90*
　　1　TPP などの広域経済連携等の検討状況　　*90*
　　2　TPP などの広域経済連携等に関する内部監査部門の貢献　　*91*

第5章　グローバル税務リスクマネジメント

第1節　**日本企業のグローバル税務ガバナンス・**
　　　　税務リスクマネジメント ……………………………… *98*
　　1　グローバル税務ガバナンスの意義とその重要性　　*98*
　　2　グローバル税務リスクの適切な認識　　*100*

第2節　**グローバル税務ガバナンスへの挑戦方法** ………………… *103*
　　1　グローバル税務ガバナンスの4つの視点　　*103*
　　2　ERM の一環としての税務リスクマネジメント　　*103*
　　3　ROE の向上施策としての税務リスクマネジメント　　*105*
　　4　CSR の一環としての税務リスクマネジメント　　*106*
　　5　国（当局）の期待に応える税務リスクマネジメント　　*106*

第3節　**税務リスクにいかに向き合うか**
　　　　―ローカル税務、移転価格、BEPS への対応 ………………… *109*
　　1　グローバル税務リスクへの対応　　*109*

2　各国におけるローカル税務への対応　*109*

　　3　クロスボーダー取引に関する移転価格問題への対応　*110*

　　4　多国間でのBEPSへの対応　*111*

第4節　グローバル税務ガバナンスを強化する内部監査

　　への期待 ……………………………………………………… *115*

　　1　税務に関するリスクカルチャーを鍛え上げる　*115*

　　2　オーストラリアにおける税務ガバナンスの取組み　*118*

　　3　内部監査部門としての最初の一歩　*119*

第6章　IT監査の高度化

第1節　IT監査の重要性の再確認 ………………………………… *122*

　　1　システム監査の必要性　*122*

　　2　ビジネス環境の変化に応じたシステム監査の必要性　*123*

第2節　システム開発プロジェクト監査 ………………………… *124*

　　1　システム開発プロジェクト監査の必要性　*124*

　　2　システム開発プロジェクト監査の効果　*125*

　　3　システム開発プロジェクト監査手続の作成　*126*

第3節　クラウド環境に係る内部監査のポイント ………………… *131*

　　1　クラウドサービスとは　*131*

　　2　サービス形態から見るクラウドサービスの特徴　*133*

　　3　内部監査におけるクラウドサービス特有のリスクと問題　*135*

　　4　内部監査部門による監査・モニタリング　*137*

　　5　クラウドにおける第三者の各種評価・認証制度　*138*

　　6　内部監査における第三者保証レポートの活用　*138*

第4節　サイバーセキュリティ、IoTに係る内部監査の

　　ポイント ……………………………………………………… *141*

1 セキュリティを取り巻く環境の変化　*141*

2 IoT 時代のサイバーセキュリティ　*143*

3 サイバーセキュリティリスクの開示に係る動向　*145*

4 サイバーリスクへの対応を高度化するために現状を
評価するポイント　*149*

第7章　内部監査におけるデータ分析・CAAT の活用

第1節　IT ガバナンスとデータガバナンス ················· *162*

1 IT ガバナンスとデータガバナンスのバランス　*162*

2 データガバナンスと内部監査　*163*

3 チーフデータオフィサー（CDO）の設置　*164*

第2節　内部監査におけるデータ分析活用の実務
　　　　―CAAT の利用 ···················· *166*

1 CAAT とは　*166*

2 CAAT の種類　*166*

3 「情物一致」を前提とした2つの考え方　*167*

4 CAAT を活用したデータ分析の手順　*168*

5 内部監査におけるデータ分析活用の局面　*170*

第3節　テーマ別監査の実務 ························· *177*

1 経費処理分析　*177*

2 販売取引分析　*178*

3 在庫／貯蔵品取引分析　*179*

4 工事基準分析　*180*

5 現金・預金分析　*181*

6 人事・労務分析　*182*

第4節　J-SOX 監査におけるデータ分析活用の実務 ……………… 183
　　1　J-SOX 監査における CAAT の活用　183
　　2　プロセスマイニングの活用　186

第5節　継続的モニタリング・継続的監査への挑戦 …………… 189
　　1　継続的モニタリング・継続的監査とは　189
　　2　継続的監査におけるデータ分析の活用　190

第6節　デジタルフォレンジックの活用 …………………………… 192
　　1　デジタルフォレンジックとは　192
　　2　データの復元とメールデータやファイルの査閲　192
　　3　内部監査とデジタルフォレンジック　193

第7節　ここからはじめるデータ監査 …………………………… 195
　　1　内部監査におけるデータ分析活用の進化ステージ　195
　　2　データ監査導入のポイント
　　　　―小さく産んで大きく育てる　196
　　3　データ分析の第一歩　197
　　4　データ分析の成熟度を測るための自己診断　199

第8章　不正・不祥事への対応と内部監査

第1節　不正・不祥事が企業価値に与えるインパクト
　　　　―不正リスクを見える化し、不正リスク管理態勢を強化する… 202
　　1　不正リスクの「見える化」の重要性　202
　　2　不正リスクライブラリを作成・活用する　203
　　3　不正リスクの評価手順　203

第2節　不正調査と内部監査 ……………………………………… 207
　　1　調査体制の類型　207
　　2　内部調査委員会のメリット・デメリット　207

3　社内メンバーに外部有識者を加えた調査委員会　*208*

　　4　第三者委員会　*208*

　　5　調査委員の運営　*209*

第3節　**不祥事対応に係るプリンシプルと各種ガイドライン**　……*211*

　　1　不祥事対応に係るリファレンス　*211*

　　2　不祥事対応におけるプリンシプル設定の意義　*211*

　　3　不正・不祥事対応に役立つ様々なガイドライン　*212*

第4節　**不正・不祥事対応における内部監査の貢献**　………………*219*

　　1　不正調査における内部監査部門への役割と期待　*219*

　　2　再発防止策における内部監査部門への役割と期待　*221*

　　3　平時における備えと心がけ　*222*

第9章　持続的な企業価値創造の開示・対話と内部監査

第1節　**ディスクロージャー・イノベーション**
　　　　―企業報告をめぐるメガトレンド　……………………………*226*

　　1　企業価値をめぐる考え方の見直し　*226*

　　2　企業報告をめぐるメガトレンドへの挑戦　*227*

　　3　ディスクロージャー・イノベーションへの切符　*228*

第2節　**統合報告と内部監査**　………………………………………*229*

　　1　統合報告をめぐる動向　*229*

　　2　統合報告と内部監査への期待　*232*

第3節　**ESG情報と内部監査**
　　　　―非財務情報に係る業務プロセスと内部統制監査　…………*234*

　　1　ESG情報の意義　*234*

　　2　ESG情報と企業価値との関係　*234*

3　ESG 情報と内部監査　　*237*

第 4 節　年度を越えた中長期経営計画に対する内部監査

　　への挑戦 ……………………………………………………………… *240*

　　1　中長期経営計画の意義　　*240*

　　2　中長期経営計画と内部監査　　*240*

第 5 節　ダイバーシティ経営 2.0 への挑戦 ……………………… *245*

　　1　ダイバーシティ経営とは　　*245*

　　2　ダイバーシティ経営と内部監査部門の役割　　*246*

第 10 章　ここからはじめる経営監査への挑戦
―内部監査の変革を成功させるための道のり

第 1 節　内部監査の外部品質評価 ……………………………………… *250*

　　1　内部監査の品質を測る物差し　　*250*

　　2　内部監査の外部品質評価とは　　*250*

　　3　内部監査の外部品質評価の価値と効果　　*251*

　　4　内部監査の外部品質評価の進め方　　*253*

　　5　内部監査の外部品質評価結果の開示と対話　　*254*

第 2 節　グローバル・アシュアランス・マップの作成・活用 …… *256*

　　1　社内外の環境変化により拡大するアシュアランス活動　　*256*

　　2　アシュアランスマップとは　　*258*

　　3　アシュアランスマップの作り方　　*258*

第 3 節　リスクカルチャーの醸成 ……………………………………… *260*

　　1　リスクカルチャーとは　　*260*

　　2　リスクカルチャー醸成と ERM 強化　　*260*

　　3　リスクカルチャー醸成に向けた取組み　　*262*

第 4 節　リスクレジリエンスの強化 ………………………………… *264*

1 リスクレジリエンスとは　*264*

2 リスクレジリエンスを高めるための世界的な

取組み（ARISE）　*266*

3 リスクレジリエンス強化のアプローチ　*266*

4 リスクレジリエンス強化に関する内部監査部門の貢献　*267*

第5節　ベストプラクティスに学ぶ

　　―PwC 内部監査全世界実態調査から得られた示唆　……… *269*

1 PwC 内部監査全世界実態調査の概要　*269*

2 内部監査部門の変革のための有効なアクション　*269*

3 経営監査への挑戦の開示と対話　*270*

索引　………………………………………………………… *273*

おわりに

凡　例

■本書においては以下のとおり略記してあります。

ACFE	Association of Certified Fraud Examiners：公認不正検査士協会
AI	Artificial Intelligence：人工知能
AICPA	American Institute of Certified Public Accountants：米国公認会計士協会
BCM	Business Continuity Management：事業継続マネジメント
BCP	Business Continuity Planning：事業継続計画
BEPS	Base Erosion and Profit Shifting：税源浸食と利益移転
CAAT	Computer Assisted Audit Techniques：コンピュータ利用監査技法
CDO	Chief Data Officer：チーフデータオフィサー
CIA	Certified Internal Auditor：公認内部監査人
CISA	Certified Information Systems Auditor：公認情報システム監査人
COSO	the Committee of Sponsoring Organization of the Treadway Commission：米国トレッドウェイ委員会支援組織委員会
CPI	Corruption Perceptions Index：腐敗認識指数
CSR	Corporate Social Responsibility：企業の社会的責任
DOJ	Department of Justice：司法省
DPO	Data Privacy Officer：DPO データ保護責任者
EBITDA	Earnings Before Interest, Tax, Depreciation and Amotization：利払い・税金・償却前利益
ERM	Enterprise Risk Management：全社的リスクマネジメント
FCPA	Foreign Corrupt Practices Act：連邦海外腐敗行為防止法
GDPR	General Data Protection Regulation：EU 一般データ保護規則
GPIF	Government Pension Investment Fund：年金積立金管理運用独立行政法人

GPOs	Group Purchasing Organizations：共同購買組織
HCO	Health Care Organizations：医療関係組織
HCP	Health Care Professionals：医療関係専門家
IAASB	International Auditing and Assurance Standards Board：国際監査・保証基準審議会
ICO	Internal Controls Optimization：内部統制の最適化
IFRS	International Financial Reporting Standards：国際財務報告制度
IIA	The Institute of Internal Auditors：内部監査人協会
IIRC	International Integrated Reporting Council：国際統合報告審議会
IoT	Internet of Things：モノのインターネット
IPA	Information-technology Promotion Agency：情報処理推進機構
NISC	National center of Incident readiness and Strategy for Cybersecurity：内閣サイバーセキュリティセンター
NIST	National Institute of Standards and Technology：米国国立標準技術研究所
OECD	Organisation for Economic Co-operation and Development：経済協力開発機構
OSHA	Occupational Safety and Health Act：職場の安全と労働安全衛生法
PE	Permanent Establishment：恒久的施設
ROE	Return Of Equity：自己資本利益率
ROI	Return On Investment：投資利益率
ROIC	Return On Invested Capital：投下資本利益率
SEC	Securities and Exchange Commission：証券取引委員会
SLA	Service Level Agreement：サービス品質保証
TPP	Trans-Pacific Strategic Economic Partnership Agreement：環太平洋戦略的経済連携協定
WMA	World Medical Association：世界医師会

第1章

2つのコードで何が変わったのか
―いま求められる「稼ぐ力」

本章の狙い

- 会社法改正と2つのコード（スチュワードシップ・コードとコーポレートガバナンス・コード）のインパクトを理解する。
- コーポレートガバナンス・コードで求められる内部監査の役割を理解する。
- 社内外のステークホルダーが内部監査に何を期待しているかを理解する。

●　●　●　第 **1** 節

会社法改正と2つのコードの
インパクト

1．企業の持続的成長を促す制度の拡充

　安倍政権による日本再興戦略の改訂（2014年6月、2015年6月）やコーポレートガバナンスの強化の推進により、改正会社法の施行（2015年5月）や日本版スチュワードシップ・コードの導入（2014年6月）およびコーポレートガバナンス・コードの導入（2015年6月）などの政府主導による企業の持続的な価値創造への取組みが加速しています（**図表1-1-1**参照）。

　この制度改正・施策の趣旨として、企業の経営者は短期志向を越えて、企業の持続的な価値創造の道筋と、それに対するコミットメントを示すことが期待されています。これに伴い、かつて例を見ないほどに、コーポレートガバナンスやリスク管理、内部監査のあり方の大きな「ギアチェンジ」が重要になっています。

2．会社法改正と2つのコードの導入により何が変わったのか

　会社法改正と2つのコードの導入の狙いは、いずれも持続的な成長と中長期的な企業価値の向上に向けて、そのドライバーとして実効性のあるコーポレートガバナンスを各企業に実装していくことにあります。

図表 1-1-1　企業価値向上に向けた企業と投資家との対話の促進

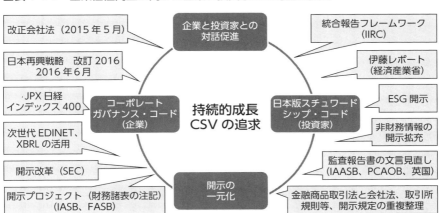

XBRL：eXtensible Business Reporting Language
　　　（拡張可能な事業報告言語）
SEC：Securities and Exchange
　　　（米国証券取引委員会）
IASB：International Accounting Standards Board
　　　（国際会計基準審議会）
FASB：Financial Accounting Standards Board
　　　（財務会計基準審議会）
CSV：Creating Shared Value（共通価値の創造）
作成：PwC

IIRC：International Integrated Reporting Council
　　　（国際統合報告評議会）
ESG：Environment, Social, Governance
　　　（環境、社会、企業統治）
IAASB：International Auditing and Assurance
　　　Standards Board
　　　（国際監査・保証基準審議会）
PCAOB：Public Company Accounting Oversight
　　　Board（公開会社会計監査委員会）

[1]　改正会社法（2015年5月施行）

　改正会社法では、経営の監督が実効性の高いものとなるよう、社外取締役・社外監査役の制度の補強、社外性要件の強化や監査等委員会設置会社制度の新設が盛り込まれました。

　また、従来は法務省令の施行規則で規定されていた企業集団の業務の適正を確保するための体制、いわゆる内部統制システムについての記載が、会社法という法律そのものに規定されることになったことは内部監査部門としても十分に注目しておきたい点です。

第1章　2つのコードで何が変わったのか　―いま求められる「稼ぐ力」

■「改正会社法」（2015年5月施行）の主な改訂

・社外取締役の機能の活用*1
・監査等委員会設置会社制度の創設
・会計監査人の独立性の強化
・内部統制システム（企業集団の業務の適正を確保するための体制）の整備
・多重代表訴訟制度の創設（親会社株主の保護）

[2]　日本版スチュワードシップ・コード

　日本版スチュワードシップ・コードでは、機関投資家は投資先企業の持続的成長を促し、中長期的な投資リターンの拡大を図るために、「目的を持った対話」を通じて、投資先企業との認識の共有と問題の改善を図ることが求められています。

■「日本版スチュワードシップ・コード」（2014年6月導入）

1. 機関投資家は、スチュワードシップ責任を果たすための明確な方針を策定し、これを公表すべき
2. 機関投資家は、スチュワードシップ責任を果たす上で管理すべき利益相反について、明確な方針を策定し、これを公表すべき
3. 機関投資家は、投資先企業の持続的成長に向けてスチュワードシップ責任を適切に果たすため、当該企業の状況を的確に把握すべき
4. 機関投資家は、投資先企業との建設的な「目的を持った対話」を通じて、投資先企業と認識の共有を図るとともに、問題の改善に努めるべき
5. 機関投資家は、議決権の行使と行使結果の公表について明確な方針を持つとともに、議決権行使の方針については、単に形式的な判断基準にとどまるのではなく、投資先企業の持続的成長に資するものとなるよう工夫すべき
6. 機関投資家は、議決権の行使も含め、スチュワードシップ責任をどのように果たしているのかについて、原則として、顧客・受益者に対して定期的に報告を行うべき
7. 機関投資家は、投資先企業の持続的成長に資するよう、投資先企業やその事業環境等に関する深い理解に基づき、当該企業との対話やスチュワードシップ活動に伴う判断を適切に行うための実力を備えるべき

第 1 節　会社法改正と 2 つのコードのインパクト

[3]　コーポレートガバナンス・コード

　コーポレートガバナンス・コードは、日本版スチュワードシップ・コードと対をなすものであり、企業側に対して、攻めのガバナンスに対する期待と説明責任の履行、そして企業価値創造に向けた建設的・持続的な対話を求めるものです。つまり、コーポレートガバナンス・コードと日本版スチュワードシップ・コードは、企業と投資家の間で目的を持った建設的な対話が行われることを制度として担保すべく、両者が「車の両輪」となって実効的なコーポレートガバナンスが実現されることが期待されています[2]。

■「コーポレートガバナンス・コード」（2015 年 6 月導入）

【基本原則】 1．株主の権利・平等性の確保 2．株主以外のステークホルダーとの適切な協働 3．適切な情報開示と透明性の確保 4．取締役会等の責務 5．株主との対話

---

[1]　坂本三郎 著『一問一答　平成 26 年改正会社法』（商事法務、2015 年刊）によれば、社外取締役の機能活用の改正点として、次のように整理されています。①監査等委員会設置会社制度の創設、②社外取締役を選任しない場合の株主総会における説明義務の新設、③社外取締役等の要件の厳格化、の 3 つがあり、会計監査人の独立性強化の改正点として、④会計監査人の選解任等に関する議案の内容の決定権を監査役または監査役会に付与すること、があり、さらに、親子会社に関する規律の整備として、⑤多重代表訴訟制度の創設、⑥株主による合併等の組織再編の差止請求制度の拡充、⑦会社分割における債権者保護規定の創設などがあります。

[2]　コーポレートガバナンス・コードの実務対応の詳細については、PwC あらた監査法人 編著『コーポレートガバナンス・コードの実務対応 Q&A』（中央経済社、2015 年刊）において解説しています。

5

第 2 節

コーポレートガバナンス・コードで求められる「攻め」と「守り」のガバナンス態勢

1. コーポレートガバナンス・コードの狙い

　欧州やアジア諸国のコーポレートガバナンス・コードに類するものが金融危機などを契機として策定または改訂されてきた経緯から、「守り」を求める側面が強いことに対して、日本のコーポレートガバナンス・コードは、日本再興戦略（2014年）に基づき、攻めのガバナンスの実現を目指すものとして、適切なリスクは積極的にとる方向に経営の舵取りを促すために策定されました。

　一般的に日本企業では、これまで株主重視の意識が必ずしも高いとはいえず、欧米に比べて低い資本効率で経営を続けてきました。こうした経営者の意識を変え、長期的に価値創造を行い、「稼ぐ力」を強化して各企業がグローバル競争に打ち勝つために株主・投資家との対話を積極化することに、コーポレートガバナンス・コードの狙いがあります。

2. 実効的なコーポレートガバナンス態勢の構築

　各企業が各々の置かれた状況に応じて、コードの中身（基本原則、原則、補充原則）の1つひとつに個別対応するのではなく、自らがいかに中長期的な企業価値向上を行うかを議論（＝経営の目線を揃える）した上で、それに最も相応しい実効的なガバナンス態勢を構築することが求められて

第2節 コーポレートガバナンス・コードで求められる「攻め」と「守り」のガバナンス態勢

います。

■ （参考）コーポレートガバナンス・コードの各原則において企業が実務で求められること（抜粋）

1．株主の権利・平等性の確保
・議決権行使基準の策定・開示 ・資本政策の基本的な方針の説明 ・買収防衛策の導入・運用についての適正手続の確保 ・役員や主要株主等、関連当事者間の取引に関する適切な手続の策定・開示
2．株主以外のステークホルダーとの適切な協働
・中長期的な企業価値向上の基礎となる経営理念の策定 ・社会・環境問題をはじめとするサステナビリティー（持続可能性）をめぐる課題への対応 ・女性の活躍促進を含む多様性の確保 ・経営陣から独立した窓口設置等、内部通報に係る適切な体制整備
3．適切な情報開示と透明性の確保
・主体的な情報発信 ・外部会計監査人の選任
4．取締役会等の責務
・経営陣に対する委任範囲の明確化およびその概要の開示 ・中期経営計画の実現および未達の場合の原因分析 ・最高経営責任者等の後継者の計画（プランニング）についての監督 ・監査役会の独立性と高度な情報収集力との組み合わせによる実効性向上 ・独立社外取締役2名以上の選任 ・独立社外者のみを構成員とする会合の定期的な開催 ・独立社外取締役の独立性判断基準の策定・公表 ・取締役会全体の実効性の分析・評価およびその結果の概要の開示 ・取締役・監査役のトレーニング
5．株主との対話
・株主との建設的な対話の促進に向けた体制整備等に関する方針の公表 ・経営戦略や経営計画における収益力・資本効率等に関する目標の提示

作成：PwC

7

第1章　2つのコードで何が変わったのか　―いま求められる「稼ぐ力」

3. コーポレートガバナンス・コードが要求する内部監査の役割

　コーポレートガバナンス・コードの中では、「内部監査」と取締役、監査役、外部会計監査人等との連携に関して（いわゆる三様監査）、次のように言及されています。

【補充原則 3-2 ②】

　取締役会及び監査役会は、少なくとも下記の対応を行うべきである。
(i) 高品質な監査を可能とする十分な監査時間の確保
(ii) 外部会計監査人から CEO・CFO 等の経営陣幹部へのアクセス（面談等）の確保
(iii) 外部会計監査人と監査役（監査役会への出席を含む）、内部監査部門や社外取締役との十分な連携の確保
(iv) 外部会計監査人が不正を発見し適切な対応を求めた場合や、不備・問題点を指摘した場合の会社側の対応体制の確立

【補充原則 4-13 ③】

　上場会社は、内部監査部門と取締役・監査役との連携を確保すべきである。また、上場会社は、例えば、社外取締役・社外監査役の指示を受けて会社の情報を適確に提供できるよう社内との連絡・調整にあたる者の選任など、社外取締役や社外監査役に必要な情報を適確に提供するための工夫を行うべきである。

　コーポレートガバナンス・コードの中では、内部監査と監査役、取締役等との「連携」に焦点が当てられています。内部監査部門はガバナンスの担い手である取締役会をサポートする重要な部門の1つであると考えることができます。

　内部監査部門は、外部会計監査人や監査役、取締役に必要な情報を的確に提供するために、社内関連部署と連絡・調整する体制を構築することが求められています。

　内部監査人協会（IIA）は、「IIA Position Paper：THE THREE LINES OF DEFENSE IN EFFECTIVE RISK MANAGEMENT AND CONTROL JANUARY 2013」の中で、組織のリスクマネジメントおよび

第 2 節　コーポレートガバナンス・コードで求められる「攻め」と「守り」のガバナンス態勢

図表 1-2-1　3 つのディフェンスラインモデル

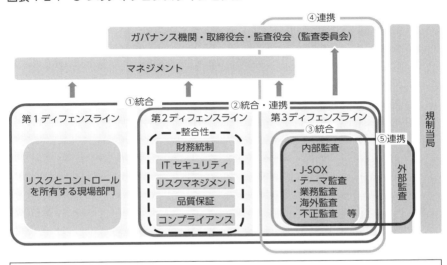

〈各ディフェンスラインの定義〉
第 1 ディフェンスライン
　・リスクとコントロールを所有し、管理する。
第 2 ディフェンスライン
　・第 1 ディフェンスラインの活動を監視し、リスクとコントロールをモニタリングする。
第 3 ディフェンスライン
　・リスクに対して、独立的な立場でアシュアランスを提供する。

注：IIA「IIA Position Paper: THE THREE LINES OF DEFENSE IN EFFECTIVE RISK MANAGEMENT AND CONTROL JANUARY 2013」を参考に PwC 作成

内部統制の体制を 3 つのディフェンスラインとして定義し、内部監査部門と社内のリスクマネジメント管掌部門との連携によるリスクマネジメントおよび内部統制を高度化するための組織構造に言及しています。**図表 1-2-1** は、当該フレームワークをコーポレートガバナンスの組織構造に拡張したものです。

なお、各ディフェンスラインが連携する際のポイントは**図表 1-2-2** のとおりです。各ディフェンスラインの役割と責任を明確にし、効果的な連

9

第1章　2つのコードで何が変わったのか　―いま求められる「稼ぐ力」

携をディフェンスライン間で協議しながら構築していくことがポイントです。

図表 1-2-2　ディフェンスライン間の連携ポイント

パターン	連携のポイント	具体的な取組事例
①　全ディフェンスライン間の統合	・各ディフェンスラインの役割・責任を明確にし、会社全体のディフェンスライン体制を構築する。	・アシュアランスマップ[*3] を作成することで、統制の有効性評価、改善活動を効果的かつ効率的に実施する。
②　第2・第3ディフェンスライン間の統合・連携	・統合・連携すべき部門を整理し、モニタリング・監査等の計画や実施結果などについて定期的に共有する。	・ディフェンスライン間でリソース共有を行い（ゲスト監査人制度など）、スキルやナレッジの移転を行う。
③　第3ディフェンスライン内の統合	・グループ各社で個別に実施している内部監査の結果やナレッジを集約する。	・本社内部監査部門が主導し、グループ共通の監査メソドロジーを構築する。
④　第3ディフェンスラインと監査役会等の連携・連係	・内部監査部門の監査計画や監査結果を定期的に監査役会等に共有する。	・監査役会と内部監査部門でリスク認識を共有することで、リスク評価の品質を高める。
⑤　第3ディフェンスラインと外部監査の連携	・内部統制監査の計画や結果を定期的に外部監査人に共有する。	・内部統制監査のサンプル・結果等を外部監査人が利用することで、外部監査の監査手続を効率化する。

作成：PwC

---

*3　アシュアランスマップに関する説明は、第10章第2節「グローバル・アシュアランス・マップの作成・活用」を参照。

第 3 節

コーポレートガバナンス・コードの時代に内部監査部門は何を期待されているか

1．持続的な企業価値創造への内部監査の貢献

　目まぐるしく変化するビジネス環境の中で、利害関係者の期待に応えるために、内部監査は事業の環境変化やそれに伴うリスクの変化を的確にキャッチして分析し、持続的な企業価値創造のために企業が何をすべきかについて、経営に対して内部監査の洞察を提供することが求められる時代になっています。

　より具体的には、異業種参入、M&A、グローバル競争、急激な為替変動、国際情勢の不安定化、デジタリゼーション、新たな規制やルール（コーポレートガバナンス・コードなど）に対して、内部監査部門が積極的に対応をしていくことが利害関係者から期待されています。この期待に応えるために、内部監査部門は**図表1-3-1**の例示のとおり、具体的な対応・発想転換をする必要があります。

2．「攻め」と「守り」のコーポレートガバナンスへの内部監査の貢献

　内部監査部門は、「攻め」と「守り」の両方に貢献することが求められています。**図表1-3-2**と**図表1-3-3**は、いずれも内部監査部門の成熟度モデルを表しています。**図表1-3-2**に示されているように、内部監査の成熟度は、企業活動の「過去」に焦点を当てた企業価値の保護を目的とする

11

第 1 章　2 つのコードで何が変わったのか　—いま求められる「稼ぐ力」

図表 1-3-1　ビジネス環境の変化に対する内部監査部門としての具体的な対応・発想転換（例）

- 過去の振り返り＋未来志向の内部監査
- 単年度目線＋中長期目線での内部監査
- 単一組織＋組織横断的（クロスファンクショナル）な内部監査
- 社内＋外部委託先の内部監査
- 財務＋非財務情報の内部監査

⬇

従来の監査を脱却し、経営に提言する監査
＝経営監査への挑戦

作成：PwC

内部監査の提供をベースラインとして、「将来」の企業価値の向上を目的とする内部監査を提供するに伴い高くなります。

図表 1-3-2　内部監査の成熟度モデル 1

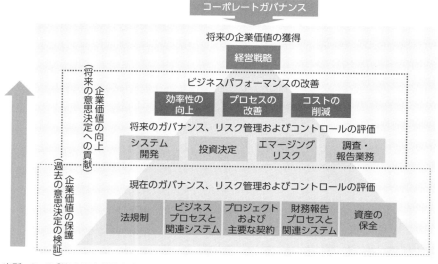

出所：PwC「第 6 回内部監査全世界実態調査（2010 年）」

第3節　コーポレートガバナンス・コードの時代に内部監査部門は何を期待されているか

　また、**図表 1-3-3** に示されているように、内部監査部門は従来のチェック（検証・保証）が中心の「アシュアランスプロバイダー」としての役割だけではなく、「信頼されるアドバイザー」として、付加価値のあるサービス提供と主体的な戦略的助言を実践していく役割が求められています。つまり、将来の企業価値の向上を見据えた、「信頼されるアドバイザー」として内部監査を提供することで、企業価値の「攻め」と「守り」の両方に貢献していくことができると考えられます。

図表 1-3-3　内部監査の成熟度モデル 2

未実現の価値			信頼される アドバイザー	監査計画の効果的かつ効率的な実施にとどまらない、付加価値のあるサービスと主体的な戦略的助言を提供する。
	洞察の提供者	洞察の提供者		意義のある改善の提案とリスクへのアシュアランスの提供において、より主体的な役割を果たす。
問題解決者	問題解決者	問題解決者		監査の発見事項で特定された問題の根本原因の分析と洞察を提供し、事業部門が是正措置を講じることができるようにする。
アシュアランス プロバイダー	アシュアランス プロバイダー	アシュアランス プロバイダー	アシュアランス プロバイダー	組織の内部統制の有効性に関する客観的なアシュアランスを提供する。

客観的なアシュアランス

全社的なリスク管理の連携

主体的なアドバイス

ビジネスパートナー

価値貢献の
さらなる増加

出所：PwC「第 9 回内部監査全世界実態調査（2013 年）」

第1章 2つのコードで何が変わったのか ―いま求められる「稼ぐ力」

3．内部監査の「True North」を目指す

　急激な変革の時代において、内部監査部門も自らビジネスのニーズに見合った成長を遂げなければなりません。内部監査規程を遵守しながらも、他の先進的な内部監査部門における権限役割、能力、スキルを学ぶことでビジネスに貢献し、価値ある存在であり続ける必要があります。

　内部監査部門として「何ができるか」ではなく「何をすべきか」を自問し、「True North」（真に重要な目標のたとえ）を見出すべき時期にきています。

　PwC の「第 11 回内部監査全世界実態調査（2015 年）」によると、多くの内部監査部門がより付加価値のある内部監査を行う必要性を認識して

図表 1-3-4　内部監査の「True North」を見つけるために必要な要素（内部監査部門のパフォーマンス）

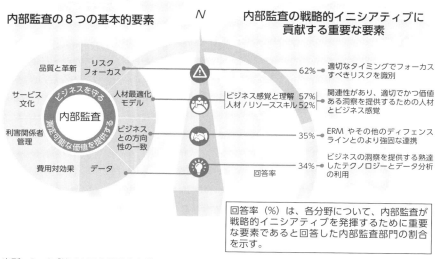

出所：PwC「第 11 回内部監査全世界実態調査（2015 年）」

第3節 コーポレートガバナンス・コードの時代に内部監査部門は何を期待されているか

いるものの、それを達成するために具体的な方策を探求している企業は多くありませんでした。

PwCではかねてより、内部監査に求められる8つの基本的要素（**図表1-3-4参照**）の重要性を主張してきましたが、ビジネス環境が急激に変化する時代においては、特に「リスクフォーカス」「人材最適化モデル」「ビジネスとの方向性の一致」「データ」の4つの要素が、内部監査の付加価値の提供能力により密接に影響していることがわかりました。

また、**図表1-3-5**に示されているように、付加価値をもたらすハイパフォーマンスの内部監査部門では、この4つの要素において平均的なパフォーマンスの内部監査部門を圧倒しています。

図表1-3-5　重要な付加価値を提供する内部監査部門のパフォーマンス

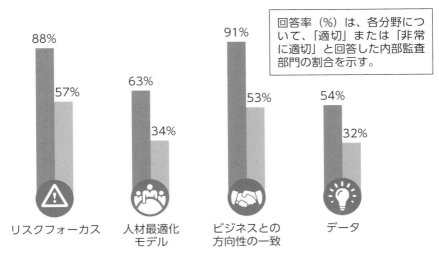

■ 重要な付加価値を提供するハイパフォーマンスの内部監査部門
■ 平均的なパフォーマンスの内部監査部門
出所：PwC「第11回内部監査全世界実態調査（2015年）」

第 1 章　2 つのコードで何が変わったのか　―いま求められる「稼ぐ力」

　内部監査部門が目指す「True North」は企業ごとにそれぞれ異なるものの、この 4 つの要素に具体的に対応していくことが「True North」を見出す道であることを示唆しています。

第2章

内部監査とリスクマネジメントのグローバルトレンド

本章の狙い

◉ わが国の内部統制報告制度の現状を振り返り活性化のポイントを理解する。

◉ 海外（特に中国とインド）における内部統制報告制度を理解する。

◉ COSO 内部統制フレームワークと COSO ERM フレームワークの改訂概要、改訂動向を理解する。

◉ 企業活動のグローバル化に伴って内部監査部門が果たすべき役割について理解する。

第 **1** 節

内部統制報告制度(J-SOX)の再発見

1．なぜいま、J-SOXを見直す必要があるのか

[1]　J-SOXの振り返り

　2006年6月に国会で成立した金融商品取引法の改訂により盛り込まれた日本版の内部統制報告制度（以下「J-SOX」）の開始から10年が経過しました。制度運用としては2008年3月期を初年度としてスタートしていますが、本番年度前の助走期間や予行演習に相当な労力と時間を費やした企業も多いと思います。

　10年を経過したことから、実務の現場としては内部統制を整備・運用するプロセスオーナーも、経営者としてその有効性を評価する内部監査部門も担当者の世代交代を果たし、一定のスピードで安定的に制度対応をしている企業が多いように見受けられます。

[2]　J-SOX第3世代の挑戦課題

　現在、J-SOX対応をめぐる企業内の布陣は第三世代に入っているようです。J-SOX第一世代は、2006年から2009年ころまでの3年間を担当した世代で、法案の内容精査・把握に始まり、初期導入の準備や推進に汗水を流し、試行錯誤を繰り返しながらリスクコントロールマトリクスや

第 1 節　内部統制報告制度（J-SOX）の再発見

評価方針・手法などを編み出した世代です。

　続く第二世代は、世界的に経済環境が悪化する中で、いかにコストを
かけずに内部統制の有効性を整備・運用・評価するか、作業の効率化・
省力化をいかに図るかという課題に向き合った、2010 年から 2013 年ころ
までの世代です。

　そして今、J-SOX 対応に向き合っているのが第三世代です。この世代
には、日本再興戦略のもとで持続的価値創造に向けた企業成長戦略をい
かに実現するか、そして、事業活動の更なるグローバル化やデジタル技術・
デバイスの飛躍的な普及、さらには本章第 3 節で解説する COSO フレー
ムワークの改訂への対応など、従前のやり方の形式的な延長ではない大
きなギアチェンジが求められています。

2．J-SOX を見直すための原点　―減らない会計不祥事と不適切事案

　J-SOX の目的・基本は、外部に報告・開示している財務報告の信頼性
を担保するための内部統制の有効性の確保にあります。この本来の目的
に照らし、J-SOX の定着に伴い財務報告の信頼性が向上してきているのか、
制度が本当にその真価を発揮しているのかという視点から見直すと、若
干心もとない現実が見えてきます。

　LEXICOM の調査結果によると、2015 年 3 月期の有価証券提出件数 2,453
件中 14 件[1] が開示すべき重要な不備があるとの結論に達し、内部統制は
「有効でない」との評価を行っています。

　また、東京商工リサーチによる調査では、不適切会計件数は増加傾向
にあり（**図表 2-1-1** 参照）、2013 年からの 3 年間では過去最多記録を毎年
更新しています。同調査で注目すべきは、不適切会計の動機が多様化し
ていること、子会社・関係会社という目の届きにくい場所で発生するケー

＊1　訂正内部統制報告書によって意見が「有効でない」と修正されたものを含みません。

第 2 章　内部監査とリスクマネジメントのグローバルトレンド

図表 2-1-1　上場企業の不適切会計件数（年度推移）

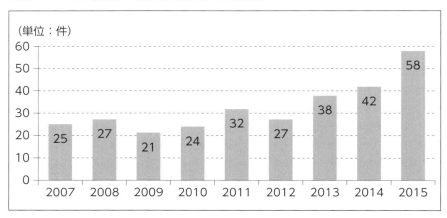

出所：東京商工リサーチホームページ「2015年度「不適切な会計・経理を開示した上場企業」調査」
　　　（2016年4月14日）

スが目立っているという傾向などが報告されていることです。

　以下では、J-SOX対応を見直すポイントを4つに整理して説明します。

3．ポイント①：予定調和を排除する

　なぜ、このような状況になっているのでしょうか。様々な要因が考えられますが、1つは、J-SOXの運用に対する「悪しき慣れ」が生じていること、そしてもう1つは、企業活動のグローバル化に伴って内部統制の整備・運用が追いついていないことが考えられます。

　そのため、見直しの最初のステップとしては、まず内部監査部門として内部統制やJ-SOX対応の品質に着目し、「悪しき慣れ」が生じていないか、具体的には次の例示に掲げた観点で、J-SOX対応が予定どおりの結末が描かれる「予定調和」になっていないかを見直すことが有意義です。

第1節　内部統制報告制度（J-SOX）の再発見

■内部統制・J-SOX 対応の品質に着目した見直しの観点（例示）

・J-SOX における過年度評価に不備がなかったが、今年度の評価において不備が識別された場合に、「過年度の不備なし」に引きずられて、「当年度は不備あり」と言いにくい雰囲気になっていないか（例えば、「検出事項」や「指摘事項」等の別の表現で「不備」を形式上回避する姿勢はないか）。
・トップの姿勢として、常に不適切案案の「兆候」の識別を奨励しているか。
・業務監査の現場往査の際に感じた現場のリスク認識や統制レベルと、J-SOX の評価結果が整合しているか。
・J-SOX の評価結果と、内部・外部通報の状況は整合しているか。

4．ポイント②：効率化・高度化を図る

　J-SOX 第一世代には、業務プロセスやシステムが事業拠点ごとにバラバラで、当座しのぎの対応として手動による統制を中心に内部統制を整備・運用した企業も多かったと思います。

　しかし、その後の国際財務報告基準（IFRS）の採用、グループ企業の共通システムの導入、クラウドシステムの利用などの環境変化を踏まえ、J-SOX 第三世代の現在においては、内部統制の整備・運用やその評価において、IT やデータ分析を活用したり、評価単位を見直したり共通化する余地が、J-SOX 開始時に比べ格段に大きくなっています。

　こうした点を踏まえ、J-SOX 対応を効果的・効率的に行うために IT の活用をはじめとする様々な新しい挑戦がなされているかを確認することが、内部監査部門に求められています。

■内部統制・J-SOX 対応の効率化・高度化に着目した見直しの観点（例示）

・J-SOX の評価と他の業務監査手続とを同時並行できる余地はないか。
・J-SOX の評価の一環として手動統制を自動化する余地を識別し、手動統制により不備が生じる余地を排除することはできないか。
・J-SOX の評価プロセスにおいて、コンピュータ利用監査技法（CAAT）をはじめとして、IT 活用の余地はないか。

21

第 2 章　内部監査とリスクマネジメントのグローバルトレンド

5．ポイント③：新規拠点などを注視して J-SOX を自主的に早期適用する

　事業活動のグローバル化や急速な拡大・成長などに伴い、国内外におけ る新規の事業拠点設立や既存企業の買収などに直面する機会も増えてい ます。J-SOX 対応は、財務報告に与える量的・質的な重要性の観点か らその対象範囲が決定されるため、新規拠点や、今は規模的に小さいが 今後は急速な成長が見込まれる拠点などが必ずしも評価対象に含まれな い場合もあります。

　しかしながら、健全で透明性の高い企業経営を行う観点からは、コン プライアンスとしての J-SOX 対応の枠外で、こうした新規拠点や成長拠 点に対して、自主的に内部統制を早期に整備・運用していくことは、健 全な事業成長を実現する上での重要な経営基盤となると考えられます。

■ J-SOX 対応でたどった企業内部の知見（例示）

・企業風土・全社統制
・規程等の整備と周知徹底
・内部統制の整備、運用評価
・内部統制の脆弱性（検出事項）の評価（不備の顕在化の確率、不備の顕在化時の金額 インパクト）
・「重要性」の考え方
・通年・継続での有効性評価　等

6．ポイント④：持続的に内部統制の最適化に挑戦する

　前述のポイント①～③を持続的でかつ組織の公式な業務として、定着 させるためには、内部統制の最適化（ICO）を図るアプローチそのものを 明確にすることが有効です。

　PwC では、内部統制の最適化を、「企業における適切なコントロールを、 適切なコストで確立するために、企業固有の戦略や目的・リスクを反映

22

第 1 節　内部統制報告制度（J-SOX）の再発見

した継続的な改善プロセスとして、内部統制環境の改善、効率化、有効化を図るためのアプローチである」と定義した上で、グローバルに連携し、内部統制の最適化に向けた取組みの方法論を共有しています（**図表 2-1-2**参照）。

図表 2-1-2　PwC の内部統制の最適化（ICO）へのアプローチ

現在はどの段階にいるか？　どの段階を目指していくか？

統制が整備・運用されていない	統制が整備・運用されているが、非公式なものであり、明確化されていない	統制が標準として整備・運用されており、文章化によって明確なものとなっている	標準化された統制が検証され、経営者に報告されている	統制が統合され、常時検証された上で、継続的に改善されている
依拠できず	非公式	標準化	モニタリング	最適化

作成：PwC

　この方法論の中では、組織の内部統制の成熟度を「依拠できず」から「最適化」の 5 つのステージに分類した上で現状のステージを把握し、次のステージへと進化するためのアプローチを明確にしています。内部監査部門として全社的な内部統制の最適化を目指すには、各拠点の内部統制の成熟度を把握した上で、それぞれの成熟度に相応しい最適化施策を検討していくことが有意義です。

　例えば、「モニタリング」ステージから、「最適化」ステージに移行するには、具体的には**図表 2-1-3** ような検討テーマがあります。

23

第 2 章　内部監査とリスクマネジメントのグローバルトレンド

図表 2-1-3　「モニタリング」から「最適化」ステージへ移行するための検討テーマ（例示）

視点	・トップダウンでの「リスクアプローチ」を、リスク評価および統制の構築・運用の両面から実践できているか。 ・内部統制の 3 つの目的（業務効率、法令遵守、資産保全）のバランスはとれているか。
検討テーマ	・トップダウン・アプローチでリスクを絞り込む。 ・統制活動のパターンや内容を標準化・合理化する。 ・リスクと統制活動の紐付けを合理化する。 ・統制活動のパターン内のキーコントロールを絞る。 ・統制の構築・評価手法を合理化する。 ・統制活動の構築・運用自体を自動化する。 ・リスクレーティングを適切に行い、テスト手法を最適化し、テストサンプル数を低減する。 ・外部委託していた内部統制業務を内製化する。 ・社内の J-SOX 以外の審査・監査等との連携を図る。

作成：PwC

第 2 節

中国・インドにおける
内部統制報告制度の概要

1. 中国における内部統制報告制度

　J-SOX 対応の見直しや内部統制の最適化を目指す上で、海外各国での財務報告に係る内部統制報告制度がどのようになっているかを理解しておくことが有意義です。本節では、中国およびインドの内部統制報告制度について概説します。

　まず中国における内部統制報告制度（いわゆる China Sox：C-SOX）として、2008 年に 7 章、50 条で構成される「企業の内部統制に関する基本基準」が定められました。この基準では、経営者が年に一度、内部統制の有効性を評価し、自己評価結果を外部公表することを求めています。

　また、2010 年 4 月に定められた「企業内部統制に関する指針」では、「運用」「評価」「監査」に関する 3 つの指針が公表され、それまでは任意だった企業の内部統制の有効性に関する独立外部監査人による意見表明が強制されることになっています。

　基本的に、中国における内部統制報告制度は、COSO ERM フレームワーク（2004 年）をベースに設計されており、2011 年 1 月 1 日より中国の上場企業に対して段階的に適用されています。基本基準は COSO の 5 つの基礎的構成要素に大枠で合致しており、財務報告に関わる内部統制の他、財務報告以外に関わる内部統制についても、同様に重きを置いた内容と

25

第2章　内部監査とリスクマネジメントのグローバルトレンド

なっています。

　2014年9月には金融業を対象にした「商業銀行内部統制ガイドライン」が改定されました。これにより中国の非上場商業銀行（日本の現地法人を含む）も中国の内部統制報告制度と類似した内部統制規範の遵守が求められるようになっています。

2．インドにおける内部統制報告制度

　インドでは、2015年3月から上場企業だけではなく非上場企業も内部

図表2-2-1　J-SOXとインドSOXの比較

	相違点	
	J-SOX	インドSOX
適用対象	上場企業のみ	すべての会社
定義	財務報告に係る内部統制	財務報告に係る内部統制＋事業運営プロセス（インド上場企業のみ）
対象となる財務報告	連結財務諸表	連結財務諸表および各社単体の財務諸表
評価対象勘定科目の決定	売上高、売掛金、棚卸資産以外は必須ではない	各社ごとの財務諸表に基づいてリスク評価をする必要がある
監査アプローチ	経営者の内部統制の評価結果を監査	会社の内部統制を監査
	類似点	
フレームワーク	COSOフレームワークに基づき策定されている	
カバレッジ	財務諸表および開示情報	
キーとなる要請事項	全社統制、プロセスごとのリスク認識および内部統制の整備運用・評価、文書化	

出所：PwC「PwC's View Vol.1」（2016年2月）

26

第 2 節　中国・インドにおける内部統制報告制度の概要

統制監査の対象となりました。日本の J-SOX と同じように、内部統制の
文書化やそれに対する評価テストを実施して有効性を表明する制度と
なっています。違反した場合は、250 万ルピー以下の罰金、3 年以下の禁
固刑が規定されています。上場企業や比較的大規模な企業では、早い段
階から対応している一方で、進出したばかりの企業では対応できてない
ケースも多くあると思われます。

　図表 2-2-1 に示すように、J-SOX とインド SOX には相違点もありますが、
どちらも COSO フレームワークに基づき策定されたものであり、キーと
なる要請事項は同じであることから、J-SOX の経験を活かして対応する
ことが可能です。

27

第3節

COSO 内部統制フレームワークの改訂

1. COSO 内部統制フレームワークの改訂の目玉

　米国 COSO[*2] は、1992 年発行の内部統制の統合的フレームワークを全面的に見直し、2013 年 5 月に改訂版（以下「新 COSO 内部統制フレームワーク」）を発行しました。本改訂では従来の内部統制の目的の 1 つ「財務報告」目的が「報告」とされ、非財務報告を包含する形に範囲が拡大されました（**図表 2-3-1** 参照）。

　また、あわせて「報告」の中に「内部」向け報告と「外部」向け報告が含まれることも明示されました。さらに、内部統制の 5 つの構成要素それぞれを支える 17 の「原則」が明示されました（**図表 2-3-2** 参照）。改訂された COSO 内部統制フレームワークでは、これら 17 の原則すべてが満たされて初めて、内部統制の有効性が担保できるという整理がなされています。

2. 米国における COSO 内部統制フレームワーク改訂の影響

　米国 SOX 法[*3] の適用を受ける企業で COSO 内部統制フレームワークを採用している場合には、新 COSO 内部統制フレームワークへの移行が

[*2] The Committee of Sponsoring Organization of the Treadway Commission、米国トレッドウェイ委員会組織委員会

[*3] 米国企業改革法（サーベンス・オクスレー法）第 404 条(a)(b)項

28

第3節　COSO内部統制フレームワークの改訂

図表2-3-1　新COSO内部統制フレームワーク

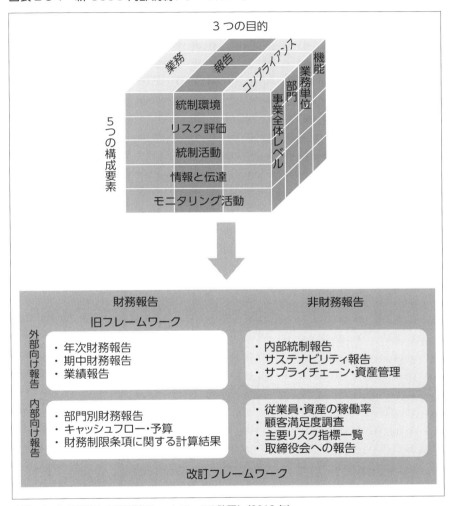

出所：PwC「COSO内部統制フレームワークの改訂」（2013年）

第 2 章　内部監査とリスクマネジメントのグローバルトレンド

図表 2-3-2　新 COSO 内部統制フレームワークの 17 原則

構成要素	原則
統制環境	1.　組織体は誠実性と倫理観に対するコミットメントを表明する。
	2.　取締役会は経営者から独立していることを表明し、かつ、内部統制の整備および運用状況について監視を行う。
	3.　経営者は取締役会の監督のもと、内部統制の目的を達成するために組織構造、報告経路および適切な権限と責任を構築する。
	4.　組織体は内部統制の目的に合わせて、有能な個人を惹きつけ、育成し、かつ維持することに対するコミットメントを表明する。
	5.　組織体は内部統制の目的を達成するに当たり、内部統制に対する責任を個々人に持たせる。
リスクの評価	6.　組織体は内部統制の目的に関連するリスクの識別と評価ができるように、十分な明確さを備えた組織の目的を明示する。
	7.　組織体は自らの目的の達成に関連する組織全体にわたるリスクを識別し、当該リスクの管理の仕方を決定するための基礎としてのリスクを分析する。
	8.　組織体は内部統制の目的の達成に関連するリスクの評価において、不正の可能性について検討する。
	9.　組織体は内部統制システムに重大な影響を与え得る変化を識別し評価する。
統制活動	10.　組織体は内部統制の目的に対するリスクを許容可能なレベルまで低減するのに役立つ統制活動を選択し整備する。
	11.　組織体は内部統制の目的の達成を支援する（IT）技術に関する全般的統制活動を選択し、整備する。
	12.　組織体は、期待されていることが何であるかを明確にした方針とその方針を有効にさせる関連手続に対する統制活動を展開する。
情報と伝達	13.　組織体は内部統制が機能することを支援する、関連性のある質の高い情報を獲得・作成して利用する。
	14.　組織体は内部統制を機能させるために必要な内部統制の目的と内部統制に対する責任を含む情報を組織内部に伝達する。

	15. 組織体は内部統制の機能に影響を与える事項に関して、外部の関係者との間で情報伝達を行う。
モニタリング活動	16. 組織体は内部統制の構成要素が実在し機能していることを確かめるため、日常的評価および／または独立的評価を選択し、適用、実施する。
	17. 組織体はしかるべき立場にある上級経営者や取締役会を含む是正措置を講じる責任を負う者に対して、適時に内部統制の不備を評価し、伝達する。

注：COSO「Internal Control Integrated Framework」（2013年5月）をもとにPwCが翻訳

求められており、すでに2014年12月15日をもって移行が完了しています。

　具体的には、米国SOX法では財務報告に係る内部統制評価のための1つの選択肢として当該フレームワークが利用されているため、その評価手続において、新たに明示された「17の原則」について、これらが存在し、機能しているかという点について、どのように明確な答えを出していくかという対応をする実務が多く見られました。多くの企業では、17の原則に対して現状のコントロールをマッピングし、ギャップ分析をした上で、必要な手当を講じるという形で対応しています。

3．日本におけるCOSO内部統制フレームワーク改訂の影響

　日本では、内部統制報告制度の評価・監査の手続を規定している「財務報告に係る内部統制の評価及び監査の基準ならびに財務報告に係る内部統制の評価及び監査に関する実施基準の改訂に関する意見書」は2011年3月30日の改定後は新たな改定などは行われておらず、現在のところ、目に見える形でCOSO内部統制フレームワーク改訂に伴う法制度上の影響は出ていません。

　しかしながら、本書の後段で解説しますが、世の中の動向としては非財務情報の開示・対話の拡充に向けた取組みが進んでおり、法や制度の

第 2 章　内部監査とリスクマネジメントのグローバルトレンド

要請はなくても、自主的に非財務情報の信頼性や完全性、比較可能性などを担保するための取組みを行うことに対する利害関係者からの期待は高まっています。

　このような中で、先進的な日系企業においては、自主的に新 COSO 内部統制フレームワークを非財務報告に関する内部統制の有効性確保のために積極的に利用するという動きもはじまっています。

第4節

COSO ERM フレームワークの改訂動向

1. 内部統制フレームワークと ERM フレームワークの関係

　COSO 内部統制フレームワークに引き続き、COSO では、COSO ERM（2004 年）フレームワークの改訂にも着手しています。そこで、まずは内部統制フレームワークと ERM フレームワークの関係を簡単におさらいします（**図表 2-4-1** 参照）。

図表 2-4-1　ERM と内部統制の関係

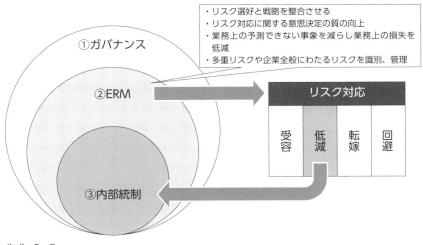

作成：PwC

第2章　内部監査とリスクマネジメントのグローバルトレンド

ERM では、①ガバナンス、② ERM、③内部統制という概念があり、③は②に、②は①に包含されるものと定義されています。

ERM とは、事業体のリスク選好に応じて、リスクの管理が実施できるように設計された一連のプロセスであり、リスク対応の意思決定に寄与することが期待されています。一方でリスク対応の態様は、一般に「受容」「低減」「転嫁」「回避」に分けられ、「低減」を選択した場合に受け皿となるのが③の内部統制となります。

すなわち、内部統制フレームワークは全社的なリスクマネジメントの一部を構成しており、ERM のリスク管理の過程でふるい分けられてきたリスクを有効に低減するための仕組みだと説明できます。

2．COSO ERM フレームワーク改訂に向けた動き

[1]　改訂の対象と概要

COSO ERM フレームワークの改訂プロジェクトは、概要編（Executive Summary）とフレームワーク編（Framework）を対象としています（適用技法編（Application Techniques）はその対象となっていません[4]）。2016 年6 月に Public Exposure（公開草案）を公表してパブリックコメントの収集が行われ、2017 年に発行される予定です。

今回の COSO ERM 改訂では、2004 年の発行後のリスクの複雑性の変化、新たな重要なリスクの台頭、取締役会のリスク管理のあり方の変化などを背景に、リスクマネジメントと戦略・業績の向上との関連が強調されています。

---

[4]　公開草案の FAQs によると、新フレームワークの適用は必須ではなく旧フレームワークを利用することも可能です。つまり各企業は自分の会社に合ったフレームワークを使用する選択の自由が与えられています。

34

第 4 節　COSO ERM フレームワークの改訂動向

　新 COSO ERM フレームワークでは、ビジネスの戦略や目標と ERM の関連において、重要な視点が次の 5 つの構成要素で表されています。業績とリスクは裏表であり、この 2 つを統合して管理していくことで、より良い意思決定が可能になることが強調されています。

■新 COSO ERM ～ 5 つの構成要素

> ・リスクガバナンスとカルチャー
> ・リスク、戦略および目標設定
> ・実行上のリスク
> ・リスク情報、コミュニケーションおよび報告
> ・ERM の結果のモニタリング

[2]　改訂の主なポイント

　今回の改訂におけるポイントの 1 つは、「23 の原則」の導入が検討されていることです（**図表 2-4-3** 参照）。各企業がそれぞれの企業環境に合わせて最適なリスクマネジメントを選択できるよう、詳細なリスクマネジメントの方法論を定義するのではなく、「原則」として企業が実行すべき取組みが提示されています。

図表 2-4-2　（参考）新 COSO ERM フレームワークの主要な変更点

> ・タイトルの変更（「統合的フレームワーク」から「リスクと戦略・業績の連携」へ）
> ・構成要素と（それに対応する）原則の導入
> ・ERM の定義の簡素化
> ・リスクと価値の関係の強調
> ・ERM の統合に係る焦点をリニューアル
> ・「カルチャー」による影響とその重要性の説明
> ・戦略に関する議論の活性化
> ・業績と ERM の連携の強化
> ・ERM と意思決定の結びつきの明確化
> ・ERM と内部統制（フレームワーク）の関連の説明
> ・リスク選好と業績に関する許容変動（リスク耐性）の再定義

注：COSO のホームページ「Enterprise Risk Management — Aligning Risk with Strategy and Performance, Frequently Asked Questions」（2016 年 6 月）をもとに PwC が翻訳

35

第 2 章　内部監査とリスクマネジメントのグローバルトレンド

図表 2-4-3　新 COSO ERM フレームワーク素案（23 の原則）

構成要素		原則
リスクガバナンスとカルチャー	1	取締役会によるリスクの監視の実行する。
	2	ガバナンスと業務モデルを構築する。
	3	望ましい組織の行動を定義する。
	4	誠実性と倫理観に関する責任を表明する。
	5	説明責任を遂行する。
	6	戦略と事業目標にあった人材を惹きつけ、教育し、維持する。
リスク、戦略および目標設定	7	リスクとビジネスの状況を検討する。
	8	企業価値の維持・向上におけるリスク選好を定義する。
	9	代替となる戦略を評価する。
	10	事業目標の設定と同時にリスクを検討する。
	11	戦略と事業目標に関して、受容可能な業績変動を定義する。
実行上のリスク	12	実行上のリスクを識別する。
	13	リスクの重要性を評価する。
	14	リスクの優先順位をつける。
	15	リスク対応を識別し、選択する。
	16	リスクポートフォリオを作成する。
	17	実行上のリスクを評価する。
リスク情報、コミュニケーションおよび報告	18	ERM に役立つ情報を活用する。
	19	ERM をサポートする IT を活用する。
	20	リスクに関する情報共有を行う。
	21	リスクやカルチャー、業績に関する報告を行う。
ERM の結果のモニタリング	22	戦略や事業目標に影響する重要な変化をモニタリングする。
	23	ERM をモニタリングする。

注：COSO のホームページ「Enterprise Risk Management — Aligning Risk with Strategy and Performance（2016 年 6 月）」Public Exposure をもとに PwC が翻訳

第5節

企業活動のグローバル化と 内部監査部門の役割

1．J-SOXの経験を活かした内部監査のグローバル化

　企業活動のグローバル化のステージは、一般的には輸出入取引から始まり、駐在員事務所の設立、提携先の模索と協業、支店の開設、ジョイントベンチャーの設立、子会社の設立、地域統括会社の設立、事業軸・機能軸・地域軸あるいはそれらのマトリックスによるグローバル事業組織への再編などに分けられます。

　グローバル内部監査の実施にあたっては、それぞれのステージに合わせて内部監査機能を設置・拡充していくことが重要になります。内部監査機能のグローバル化にあたっては次の3つのポイントがあります。

　①　社内においてグローバル内部監査の枠組みを確立する。

　②　各国・地域の法規制に基づく制度監査を最大限活用する。

　③　グローバルリスクライブラリを活用する。

　ここで重要なことは、このポイントは、J-SOXへの対応をもとに培った知見を発展的に活用することを通じて実践していくことが可能かつ効果的であるという点です。

　そこで本節では、PwCがJ-SOXへの対応を通じて得た経験をもとに、内部監査機能をグローバル化していく際のポイントについて解説します。

第 2 章　内部監査とリスクマネジメントのグローバルトレンド

2．ポイント①：社内においてグローバル内部監査の枠組みを確立する

[1]　内部統制を理解する

　内部監査機能の強化に着手するにあたって大切なことは、自社の第1・第2ディフェンスラインがどのようなリスクを識別し、内部統制の整備・運用を行っているかを明確に理解することです。

　この理解のために、J-SOXをはじめとする内部統制の整備・運用・評価の基本的な考え方が非常に役に立ちます。また、全世界の各拠点のリスクや内部統制の状況を俯瞰する上で、一般的な内部統制の整備・運用・評価を把握するフレームワークの1つとしてPwCが整理・活用している「ExCUSMEアプローチ」という枠組みが役に立ちます（**図表 2-5-1** 参照）。

　このアプローチは、内部統制やそれに付随したプロセスがうまく機能するための6つの重要な要素として、「存在」「伝達」「理解」「支援」「監視」「徹底」があることに着目し、この視点から内部統制の状況を全般的に理解することを可能にするものです。

図表 2-5-1　ExCUSME アプローチ

- Existence（存在）：関連するプロセスまたはプログラムが組織に存在している。
- Communication（伝達）：プロセスまたはプログラムの存在が、関係者に周知されている必要がある。
- Understanding（理解）：プロセスまたはプログラムが有効であるためには、それが関係者によって理解されている必要がある（各自の役割および責任を含む）。
- Support（支援）：プロセスまたはプログラムの有効に運用されているためには、それが支援されている必要がある。
- Monitoring（監視）：プロセスまたはプログラムの品質を検証するためには、それが監視されている必要がある。
- Enforcement（徹底）：プロセスまたはプログラムが有効であるためには、それが経営者によって徹底されている必要がある。

作成：PwC

38

第 5 節　企業活動のグローバル化と内部監査部門の役割

[2]　内部統制を評価する

　内部統制の評価にあたっては、リスクの識別から残余リスクの評価にいたる一連の考え方について、企業グループ内で全世界共通の理解を共有することが重要です。リスクマネジメントを成功させるためには、組織として許容できるリスク量と種類を明確にした上で、しかるべき内部統制を整備・運用・評価することによって、残余リスクを許容水準未満に低減することが重要です（**図表 2-5-2** 参照）。この考え方も、J-SOX などの内部統制の整備・運用・評価の基本をなすものです。

図表 2-5-2　リスク評価から残余リスクの評価にいたるアプローチ

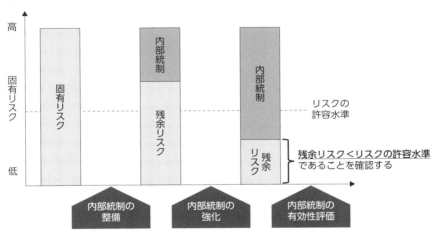

作成：PwC

[3]　規程・方針・体制などを整備・運用する

　J-SOX を世界で適用していくために、多くの企業では内部統制の基本方針を定め、規程や体制を整備して教育・研修を行っています。こうしたアプローチは、グローバルで内部監査機能を設置・運営する上でも役

第 2 章　内部監査とリスクマネジメントのグローバルトレンド

立ちます。

　具体的には、内部監査部門としてのグローバル内部監査方針、規程、手続を明確に定めるとともに、グローバル内部監査体制やグローバル内部監査会議のあり方、監査役などとの連携の方法を整備します。また、内部監査メンバーのキャリアパスを明らかにした上で、内部監査部門メンバーの教育・研修・評価制度を明確にすることが有効です。

　海外事業が成長し、多くの事業活動が海外で行われるようになると、内部監査機能をより現場に近い海外に設置することが効果的・効率的になります。そのような場合を見越して、本社としては、できるだけ早期にグローバル内部監査に関する規程や体制を整え、リーダーシップを発揮していくことが重要です。

3．ポイント②：各国・地域の制度監査を最大限活用する

［1］　各国・地域の制度監査への対応

　グローバル内部監査を強化するにあたっては、本章第 2 節で説明したような法定の制度として内部監査機能の発揮が求められる国・地域へ確実に対応するとともに、日本の会社法を前提として、日本本社の監査役や監査委員会等と連携していくことが有効です。

　また、海外に現地法人を設立している場合は、当該子会社が現地法に基づいて、どのような会社機関設計を採用しており、現地のガバナンスの仕組みとして、日本でいうところの監査役・監査委員等に相当する機関が、どのような役割と責任を負っているかを理解しておくことが重要です。

　東南アジアや南米、中東、アフリカなど、我々の日常から遠い多数の国に事業を展開している場合、その国の法律や慣行に照らして問題がないかを知りたいが何から手を付けていいのかわからないという悩みが出

40

てきます。当然、国ごとに法律や慣行が異なるので逐一それらを調べる作業が必要であり、現地のコンプライアンスを確保する仕組みを整備・運用し、制度監査への対応を行うことは非常に重要です。

昨今は、JETRO などのホームページ[*5]で各国の法規制が整理・共有されているとともに、大手法律事務所や会計事務所なども、各地の現地事務所や駐在員との連携のもとで出版物の作成やセミナーを開催するなど、各国で事業を営むための法規制や注意点などを解説しています[*6]。

国や地域によっては、現地語で開示される情報が最優先であり、英語で開示・共有される情報は二次的な取扱いとなる点に留意が必要です。そのような国では英語・日本語での情報収集を行うと同時に、現地における情報収集を並行して行うことで、現地の法規制を常時継続的に本社と現地で共有することが有意義です。

[2] グローバルで共通のチェックリストの活用

その上で、各地の法規制・制度などに対する理解をもとにして、世界のどの拠点に対してもグループ共通で求めるリスク管理や内部統制の取組み事項を明確にしておくことが重要です。例えば、日本監査役協会が公表している「海外監査チェックリスト」[*7]などを念頭に、自社としての最低限の基本的チェック項目を体系的に整理しておくことが有益です。

[*5] https://www.jetro.go.jp/world/

[*6] 例えば、PwC では Doing Business シリーズや投資・税制ガイドなどの形で主要各国のビジネス上の規制や会計・税務上のポイントを解説しています。
http://www.pwc.com/jp/ja/globalization/country/guide.html
また、PwC では各国・地域にフォーカスした海外内部監査実務シリーズなどのセミナーも開催しています。

第 2 章　内部監査とリスクマネジメントのグローバルトレンド

4．ポイント③：グローバルリスクライブラリを活用する

　世界共通で利用する監査チェック項目を基礎として、さらに詳細な
チェックリストを作成し、全世界に対して同質の内部監査を実施する方
法もありますが、こうした方法は限られた監査資源を最大限に効果的・
効率的に利用する上では、必ずしも有効ではありません。

　効果的かつ効率的にグローバル内部監査を行うためには、グローバル
レベルで、グループ全体で使用可能なリスクライブラリを明確にし、当
該リスクライブラリの各項目に関してリスク評価を行って、その結果に
応じて濃淡をつけたオーダーメイドの内部監査を行うことが実務的です。
特にリスク評価に関しては新興国や新規事業拠点などについては、規模
の小ささからグローバル監査の計画の遡上にあがらないことが多いよう
ですが、本当にそれでよいのかどうかは慎重に検討すべきです。

　グループ全体の目線で見て、一度も内部統制の状況をダブルチェック
していないホワイトスペースがないかどうかという視点も大切にしつつ、
J-SOX 対応などの状況も加味しながら計画を策定することが効果的です。

■グローバル内部監査を計画する際の視点（例示）

・現地の法令要請の適用有無（会計監査、内部統制報告制度等）
・J-SOX 対応上の取扱い（制度で範囲に含まれる拠点、制度では範囲外だが自主適用を
　行う拠点、このいずれにも該当しない拠点）
・本社からのモニタリングの状況（範囲、頻度、方法および発見事項）
・今後の事業計画とその実行に伴って想定されるリスクの質・量　等

＊7　日本監査役協会は、主要国について、「国別海外監査ガイドブック（海外監査研
　　究会報告）」（http://www.kansa.or.jp/support/library/kaigai/post-103.html）を公
　　表するとともに、日本語と英語による「海外監査チェックリスト」を公表してい
　　ます（http://www.kansa.or.jp/support/library/misc/post-99.html）。また、あわ
　　せて英語での監査役制度の説明資料なども公表しています（http://www.kansa.
　　or.jp/support/library/misc/post-162.html）。

42

第3章

組織再編・M&A・経営統合と内部監査

本章の狙い

- 成長戦略の実行に伴って実施されるグループ内の組織再編やグループ外企業との M&A・経営統合に対して、内部監査部門としてどのような貢献ができるかを理解する。
- M&A に関連して、ガバナンス・デュー・デリジェンスや内部監査部門そのものの統合にあたり、どのような点に留意すべきかを理解する。
- 重点的に経営資源を投入する「選択と集中」に伴って飛躍的に増加している外部委託先管理に関して、内部監査部門としてどのような貢献ができるかを理解する。

第 1 節

グループ内の組織再編・事業再編と内部監査

1．組織再編・事業再編の重要性

　グループ全体で不採算事業を洗い出し、ゼロベースで自社グループの存在意義を見直した上で、自社の強みや競争優位が発揮できる事業領域を絞り込み、経営資源を集中投下する「選択と集中」が日本企業の経営の基本として定着しつつあります。

　事業ポートフォリオの再構成にあたっては、従前からの売上高利益率を高めることに主眼を置いた損益計算書（PL）重視の経営に加えて、貸借対照表（BS）やキャッシュ・フロー計算書等も十分に意識し、ROE（自己資本利益率）などにも主眼を置いて資本効率や資金効率を高める経営施策に高い関心が集まっています。

　こうした背景の中で、最初にグループ経営施策として検討されるのが、グループ内の組織再編・事業再編です。連結総本社として、いかに組織再編・事業再編を検討・計画するのか、そしてそれをいかにして実行して効果を早期に上げるかは、企業戦略を実行する上でも重要な課題の1つとなっています。

2．組織再編・事業再編の検討・計画

　グループ内の組織再編・事業再編を行うためには、まず自社の経営理

念に照らして、コアコンピタンスを見極めた上で、競争優位を維持・強化して持続的な価値創造を実現できる事業領域を、既存の枠組みにとらわれることなく識別することが重要です。そのためには、グループ全体の事業領域や経営資源の投下状況を的確に把握すべき立場にある司令塔にとっての現状把握と将来予測のための指南書、いわゆるマネジメント・コックピットが重要になります。

　外部向けの財務報告において、マネジメント・アプローチが導入されて久しくなりますが、このマネジメント・コックピットが適切に設定・活用されているかは、組織再編・事業再編が適切に行われるかどうかの最初の試金石となります。

　そのため、内部監査部門としては、自社グループの経営管理の要であるマネジメント・コックピットが適時・適切に、経営者に経営の現在と未来を思い描くための正確な情報を提供できているかどうかを把握することが重要です。

　具体的には、財務会計目的の連結予算・実績のみならず、管理会計目的での連結予算・実績が集計・把握されているかどうか、また、それらに基づいて予算実績差異の分析が適切に行われ、将来予測やその修正が適時・適切になされているかどうかを確かめることが有意義です。

3．組織再編・事業再編の実行

　既存事業からの撤退や新規事業への参入、海外事業の急速な成長に伴い、経営意思決定（スピード・自律性）を高めることを目的として、組織構造を変革する企業が増えています。具体的には、事業本部制やカンパニー制の導入、分社経営の活用、海外の地域統括会社の設立・運営などがあります。また、各事業の価値創造スピードを高めるのみならず、事業間のシナジーを最大化するために、事業の組み合わせをくくり直す事業再編も活発化しています。

第 3 章　組織再編・M&A・経営統合と内部監査

　内部監査部門としては、こうした組織再編・事業再編にあたって、ガバナンス・リスク・コンプライアンスの態勢が適切に再設計され、新しい組織に浸透しているかを確かめることが重要になります。

　具体的には、新会社や事業部門長の選任・評価のプロセスは適切に設計されているか、全社共通のリスクとは異なる各会社・事業固有のリスクは適切に識別され評価されているか、識別されたリスクへの対応はどのように行われているか、遵守すべきコンプライアンスの課題がどのように識別され、その遵守状況がどのようにモニタリングされているかなどについて、組織再編・事業再編の実施後の一定の期間内に速やかに把握して監査することは、組織再編・事業再編の成功を後押しする上で有意義です。

　特に組織再編・事業再編後の内部監査においては、ガバナンス・リスク・コンプライアンスの態勢や成熟度が、再編前の低い水準に寄ってしまっていないかどうかを確かめることも重要です。また、当初は計画・予想されていなかったが実務上は重要な事項、例えば決裁権限や職務権限の設定について、暫定的な運用であるという大義名分のもとで、経営者の暴走（マネジメント・オーバーライド）を容認する体制になっていないかどうかを把握しておくことも大切です。

46

第2節

グループ外企業とのM&A・経営統合

1．M&A・経営統合の重要性

　企業買収や事業売却、経営統合などは、多くのケースでは経営企画部門や経営管理部門などが中心となって進められることが多く、内部監査部門に協力が求められることはごく稀です。

　しかし近年、M&Aの中には失敗するケースも多々あることが認知されてきていることから、個々のM&Aや経営統合を成功させるために、内部監査部門に対する期待が高まってきています。また、それと同時にM&Aや経営統合後に、内部監査部門の機能そのものをどのように統合していくかということも重要な課題になります。

2．個々のM&Aや経営統合に関する内部監査部門の貢献

[1]　M&Aや経営統合が失敗する理由と内部監査への期待

　M&Aや経営統合は、なぜ当初の予定どおりの成果を上げられないことがあるのでしょうか。様々な理由が考えられますが、1つの仮説として、事業を主体的に実行するメンバーが中心となって、買収から経営統合までを秘密裏に進めることが多く、他者のチェックが入りにくいことが背景にあると考えられます。

47

第3章　組織再編・M&A・経営統合と内部監査

　また、相当のコストと時間を費やしてM&Aや経営統合を企画・実行してきた当事者であるプロジェクトメンバー自身が、途中で過去の努力を否定してプロジェクトを止めることが難しいため、このままではまずいとわかっていたとしても、そのまま突き進んでしまうといった背景もあると考えられます。そのため、冷静かつ確実にM&Aや経営統合を進めるために、現状はどこまで対応できているのか、課題は何かといった点を、より客観的な視点から内部監査することは、M&Aや経営統合の失敗を未然に防止する施策の1つとして非常に有用です。

■組織再編や経営統合の阻害要因（例示）

・トップの対立・暴走と混乱（不十分な討議） ・「大義」のない経営統合と役職員の当事者意識の欠落 ・過度な楽観主義、事なかれ主義、日和見主義 ・過去へのこだわり・プライドや根拠のない「たすき掛け人事」と「対等意識」 ・社風・文化の違い、経営管理制度の違いを無視した不適切な統合のペースの設定 ・商品や製品、サービス開発・提供に関わる業務の不統一 ・情報システムの統合やデータ移行の失敗 ・統合後の新たな役割や責任の割り当てが不明確 ・プロジェクトの役割・責任分担が不明確、統合の効果創出に関わる役職員の自信 　崩壊と責任の擦り付け合い　等

作成：PwC

[2]　M&Aや経営統合に関する内部監査のポイント

　それでは、M&Aや経営統合に関する内部監査は、どのように進めればよいでしょうか。取組みの要諦は、大所高所からガバナンス・リスク・コンプライアンス態勢の状況を見極めることと、（考え悩むだけでなく）早く知り、行動することの2つです。

48

第 2 節　グループ外企業との M&A・経営統合

① 大所高所からガバナンス・リスク・コンプライアンス態勢の状況を見極める

　M&A 後に新しくグループに入ったばかりの会社について詳細まで把握しようと思うと、いくら時間があっても足りません。このため、まずは大枠を押さえることが重要です。そのためには次の概括的情報を押さえる必要があります。

- ・買収先の会社の取締役会がこれまでどのような議論を行っていたのか。
- ・買収先の会社の取締役会がどのようなリスクを認識し、その対応のためにどのような施策を行ってきたのか。
- ・買収先の会社の取締役会がどのようなコンプライアンス違反や係争・訴訟があり、どのように改善策・対応策を検討・実施していたのか。
- ・基幹となる技術や製品・ソリューションはどのように開発・製造されているか。
- ・誰が会社のキーパーソンなのか、商流はどのように作られていて、主要な取引先との関係はどうなっているのか。

　これらの情報は買収前のデュー・デリジェンスの過程で把握・分析されていることが理想的ですが、ともすれば事業価値の算定に気をとられすぎるあまり、こうした分析がおろそかになっているケースが散見されるので留意が必要です。

② 早く知り、行動する

　内部監査部門として、いつこのようなチェックをするかも非常に大切です。M&A を成功させるためには、情報管理を徹底し、関係者の状況を見ることも重要ですが、タイミングを待ち続けるのではなく、しかるべきタイミングで現地に踏み込むことが肝要です。

第 3 章　組織再編・M&A・経営統合と内部監査

[3]　ガバナンス・デュー・デリジェンスに関する内部監査部門の助言

　M&A の際には、ビジネスデュー・デリジェンス、財務デュー・デリジェンス、税務デュー・デリジェンス、法務デュー・デリジェンス、IT デュー・デリジェンスなどが行われますが、これからの時代は、ガバナンス・デュー・デリジェンスを適時・適切に行うことがより重要になってくると考えられます。

　買収・経営統合前に、買収先の経営者の誠実性や経営の透明性の度合いを把握するためには、様々なデュー・デリジェンスの結果を総合して勘案することが重要です。ガバナンス・デュー・デリジェンスにあたっては、ネガティブな情報が矮小化・無毒化されることなく経営トップに正確かつ適時に報告されているか、経営トップはその報告に適時・適切に対応していたか、経営管理上のホワイトスペースや死角がなかったかなどという点に特に注意を払う必要があります。

　ガバナンス・デュー・デリジェンスの視点としては、具体的には下記のような項目が想定されます。また内部監査部門は、これらの各項目について知識と経験に基づいた助言を行うことができます。

■ガバナンス・デュー・デリジェンスの視点（例示）

> ・過度なプレッシャー、実現不可能な目標設定はなかったか？
> ・過去の取締役の選任・解任の理由は何か？
> ・取締役会の開催頻度や参加状況は？
> ・取締役会の有効性や活性度は？
> ・監査役会による監査の実施状況は？
> ・監査役会と内部監査部門との連携は？
> ・引退した元経営幹部の院政はなかったか？
> ・外部監査人や監督官庁からの指摘とその対応状況は？
> ・内部通報や外部からの通報の内容とその対応状況は？
> ・経営トップ、取締役会に対する消費者や顧客からのクレームやネガティブ情報の報告は？　また、その対応状況は？

第2節　グループ外企業とのM&A・経営統合

- 経営意思決定のために、どのような会議体があり、誰が参加しているのか？（経営会議、グループ戦略会議　等）
- 執行役員および主要経営幹部の目標設定および人事評価はどのように行われてきたか？
- 執行役員および主要経営幹部の懲罰は？
- 執行役員および主要経営幹部の人事異動はどのように企画・決定・実行されるのか？
- 職務満足度調査や従業員意識調査の内容、自由コメントはどのようなものか？

[4]　M&A・経営統合の実施後の統合プロセス（PMI）における内部監査の貢献

　M&Aや経営統合に関連して、内部監査で計画・実施する監査手続では、監査を実施するタイミングに応じてその焦点が異なります。M&A・経営統合の後の統合プロセスにおいて、適正評価手続（デュー・デリジェンス）レポートで課題としてあがっていた事項に対して、ビジネス部門がそれぞれ適切な対応ができているか、内部監査部門として適時に確認する必要があります。

　前述のガバナンス・デュー・デリジェンスとあわせて、個別具体的な懸念事項に対する解消状況や検討状況を、しかるべきタイミングで内部監査するとともに、当初想定したシナジーが発揮されているか否かを確かめることも重要です。

　こうしたPMIの内部監査を成功させるためには、M&Aプロジェクトの初期の段階から状況を把握し、プロジェクトの過程や完了後の一定期間経過時点において、客観的な評価を行います。これにより、企業の組織再編やM&A後のプロセス改善などに貢献するとともに、組織知の蓄積と横断プロジェクトの成功確率の向上に寄与することができます。

　PMIの内部監査の実施に際しては、短期間での実施を求められる場合が多くあります。その場合には特に留意すべき点をプロジェクトチーム

51

第 3 章　組織再編・M&A・経営統合と内部監査

図表 3-2-1　コントロールが機能不全となる場合の影響

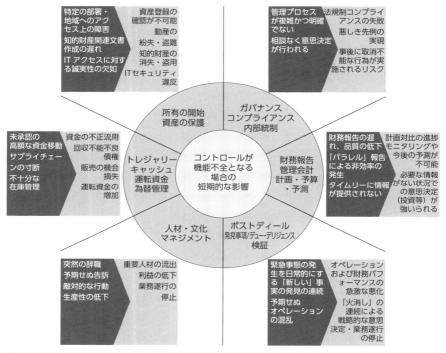

作成：PwC

と協議しつつ、重要な影響が生じることが想定されるエリアに絞って実施することも実務的な対応になります。具体的には、**図表 3-2-1** に示すような観点に着目して内部監査を実施します。

3．M&A・経営統合に伴う内部監査部門の統合と強化

　M&A・経営統合にあたっては、内部監査部門そのものの統合についても検討をしておく必要があります。ここで、特に海外企業を買収する際には、戦略、体制、人材、プロセス・テクノロジーの4つの観点から日

第 2 節　グループ外企業との M&A・経営統合

図表 3-2-2　日本と海外企業の内部監査を比較する際の視点（例示）

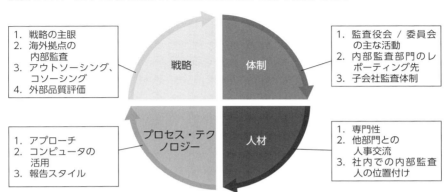

作成：PwC

本と海外企業の内部監査に対する戦略や考え方の違いを明確に理解し、対応することが重要になります（**図表 3-2-2** 参照）。

　図表 3-2-3 では、一般的な日本企業の内部監査部門と欧米企業の内部監査部門の代表的な相違点を掲げています。M&A・経営統合にあたっては、内部監査部門の経験と知識を新しい組織で最大限に活用できるように配慮をしつつ対応することが有意義です。経営統合後の内部監査機能の整備・強化にあたっては、**図表 3-2-4** に示すようなメリット・デメリットを考慮して、最適な機能の整備・強化を実施します。

第 3 章　組織再編・M&A・経営統合と内部監査

図表 3-2-3　日本企業の内部監査部門と欧米企業の内部監査部門の相違（例示）

〈戦略〉

内部監査部門の一般的な特徴		
	日本	欧米
1．戦略の主眼	・「価値の保護」を重視する。	・「価値の保護」と「価値の創造」の両立をはかる。
2．海外拠点の内部監査	・海外現地子会社に任せ、本社の関与は消極的である。	・海外拠点の内部監査に本社が積極的である。
3．アウトソーシング、コソーシング	・限定的な活用にとどまる。	・費用削減、スキル・経験を持つ人材の活用の観点から、第三者へのアウトソーシング、コソーシングが一般的に活用されている。
4．外部品質評価	・必ずしも一般的ではないが、利用は増加している。	・先進的な内部監査部門は、ベンチマークのために外部品質評価を積極的に利用している。

〈体制〉

内部監査部門の一般的な特徴		
	日本	欧米
1．監査役会／委員会の主な活動	・財務リスクおよび取締役活動の監視が中心である。	・より広範な財務・非財務リスクを扱う。
2．内部監査部門のレポーティング先	・事業部門・経営層が多い。	・監査委員会議長が多い。
3．子会社監査体制	・大きな子会社については、独自の内部監査チームが置かれる分散型モデルである。	・内部監査人が海外事業展開先まで往査を行う中央集権型モデルである。

第 2 節　グループ外企業との M&A・経営統合

買収後の内部監査部門の統合に伴い、買収先につき明らかにすべき事項（例示）	
1	・内部監査に対してどのような役割を期待しているか？
2	・海外拠点に対する監査戦略はどうなっているか？
3	・外部専門家の活用に関する基本方針は何か？
4	・外部品質評価を行っているか？ ・行っている場合はその結果を受領可能か？

買収後の内部監査部門の統合に伴い、買収先につき明らかにすべき事項（例示）	
1	・監査委員会と内部監査部門の連携、役割分担はどうなっているか？
2	・内部監査部門のレポーティング先はどこか？ ・本社内部監査部門との連携体制をどのように構築するか？
3	・内部監査関連でどのような規程を定めているか？ ・これまでの海外子会社監査体制・期間・方法はどうなっていたのか？ ・コントロール・セルフ・アセスメントを行っているか？ ・リモートモニタリングを行っているか？ ・子会社内部監査は現地の監査チームが行っているのか、本社の監査チームが往査しているのか？

第 3 章　組織再編・M&A・経営統合と内部監査

〈人材〉

内部監査部門の一般的な特徴		
	日本	欧米
1.　専門性	・事業部門で経験を積んだ者を内部監査部門に配置転換することが多い。このため、ビジネスへの知見は深いが、監査知識は不足気味である。	・内部監査に関するトレーニングが充実しており、内部監査人が専門職化している。そのため、ビジネスの経験が少なく直接内部監査人として就職した者の割合が日本より多い。
2.　他部門との人事交流	・他部門の従業員が内部監査部門に短期間在籍する「ゲスト監査人」制度は一般的ではない。	・「ゲスト監査人」制度が一般的に活用されている。
3.　社内での内部監査人の位置付け	・内部監査人は社内でそれほど影響力が強い職種とはみられていない。	・内部監査人は社内で強い影響力を持つとの認識が高まっている。

〈プロセス・テクノロジー〉

内部監査部門の一般的な特徴		
	日本	欧米
1.　アプローチ	・「広く浅く」均質的アプローチをとる傾向があり、濃淡をつける監査モデルは一般的ではない。	・業務ごとに濃淡をつけ、どのようなタイプの監査を行うかを変える監査モデルが一般的である。
2.　コンピュータの活用	・チェックリストに基づく手作業の監査が中心である。 ・監査調査においては、もっぱらWord や Excel 等の Microsoft Office ソフトウェアを利用している。	・コンピュータ利用監査技法（CAAT）を利用して継続的監査を実施している。 ・TeamMate 等、監査専用ソフトウェアを積極的に活用している。
3.　報告スタイル	・説明が叙述的で長文にわたる傾向にある。	・検出事項・提言を厳選した短い監査報告書が多く、「監査ダッシュボード」も利用されている。

作成：PwC

第2節　グループ外企業とのM&A・経営統合

買収後の内部監査部門の統合に伴い、買収先につき明らかにすべき事項（例示）	
1	・内部監査部門の人員数・予算はどうなっているか？ ・社内における内部監査人のキャリア形成はどうなっているか？ ・どのような人材を採用しているか？ ・どのように人事評価を行っているか？ ・どのような社内・社外研修を活用しているか？ ・取得推奨資格はあるか？
2	・他部門と内部監査部門との人事交流に関するポリシー、実績はどうなっているか？
3	・社内において内部監査人・内部監査部門はどのような位置付けをされているか？

買収後の内部監査部門の統合に伴い、買収先につき明らかにすべき事項（例示）	
1	・どのような監査メソドロジー（ポリシー、手続等）をとっているか？ ・どのようなリスクレジスター、リスクユニバースを有しているか？ ・リスクアセスメントはどのような手法（定量・定性）で実施しているか？
2	・どのような監査専用ソフトウェア、CAATツールを活用しているか？
3	・監査結果をどのように被監査部門に通知し、モニタリングしているか？ ・検出事項の分類方法等、監査報告のフォーマットはどうなっているのか？

57

第 3 章　組織再編・M&A・経営統合と内部監査

図表 3-2-4　内部監査機能の PMI アプローチ　―被買収企業のガバナンスに関する 3
　　　　　　つのアプローチ

	メリット	デメリット
直接統治型	欧米企業に多い。親会社の方針・手段等で完全に統一し、子会社メンバーは親会社の方針に従って監査を実施。監査テーマ等についても、親会社から指示。人材についても、キーの人材は親会社から指名される。	・状況を把握しやすい。 ・親会社の意思を徹底できる。 ・グループ全体でのコストが安い。 ・意思決定が迅速にできる（変化に対応しやすい）。	・子会社メンバーのモチベーションを下げ、人材が流出するリスクがある。 ・英国等、現地の規制・制度への対応が困難である。 ・親会社側での十分なリソースが必要である。
中間型	全体方針および全社的な監査計画・テーマについては共有するが、すべてを統一せずに既存の方針を活用し、実務については子会社を尊重する。人材については交流を行い、必要に応じて共同監査プロジェクト等を実施する。	・概況は把握できる。 ・意思疎通の程度は、関与する深度により異なる。 ・人材の活用・育成につなげられる。 ・状況に応じたアプローチの調整がしやすい。	・子会社側の状況が把握できず、コントロール不能になるリスクがある。 ・関与深度により、子会社の人材を活用しきれない。 ・中間的であることから、他の 2 類型でのデメリットがいずれもある程度存在する。
現地委任型	過去の日本企業に多い。現地の方針・手段を尊重し、親会社の方針については説明をするものの、基本的には子会社からは報告のみにとどめる。人材交流もなく、別々に監査を実施する。	・子会社側は現状の実務を継続できるため混乱が少なく、モチベーションも維持しやすい。 ・現地の法制度等への対応が可能である。 ・親会社の負担が少ない。	・親会社のコントロールがきかず、ブラックボックスになる。 ・グループとして重複が生じ、コストが高くなる可能性がある。 ・変化への対応が必要な際に、子会社側の十分な協力が得られない可能性がある。

作成：PwC

第3節

外部委託先(アウトソーシング)監査

1. 外部委託先に対する内部監査の重要性

　M&A・経営統合とあわせて自社のコアビジネスを明確にした上で、内製すべき業務と外部委託すべき業務とを切り分けることがあります（**図表3-3-1**参照）。近年は、経営資源の効率的利用や協業を通じたイノベーショ

図表 3-3-1　外部委託領域の例

作成：PwC

第3章　組織再編・M&A・経営統合と内部監査

ンの加速の観点から、様々な領域で企業の境界線を越えた形での業務委託の活用、バリューチェーンの再構成が活発になっています。こうした背景を受けて、外部委託先（アウトソーシング）に対する内部監査が、近年は注目を集めています。

　外部委託には、企業内部のリソースの有効活用や企業外部からの専門性・経験・能力の獲得といった利点があります。また同時に、外部委託に伴って、下記のような検討すべき新たな課題も発生します。

　外部委託先は、あくまで部外者であることから、必ずしも自社にとって最も有益なサービスを常に提供してくれるとは限りません。そのため、常に適切なパフォーマンスが発揮されているかを管理・監視することが求められます。外部に業務を委託しているということで安心せず、期待した役務・サービスを享受できるように、委託元から外部委託先を積極的にコントロールすることで、外部委託の効果を最大化することができます。

■外部委託の活用に関わる課題（例示）

```
・品質・顧客満足度の低下
・外部委託先管理業務の増加
・社内ノウハウの空洞化
・機動力の欠如・低下
・業務の不透明化
・コンプライアンス違反（または潜脱行為の温床化）
・機密情報・個人情報の漏えいや不適切な情報管理
・反社会的組織との契約
・偽装請負
・事業継続の断絶と危機管理の失敗（災害、倒産、合併等）
・役割・責任の不明確化
・社内余剰人材リソースの配置転換の失敗
・カントリーリスクへの対応の遅れ　等
```

作成：PwC

60

第 3 節　外部委託先（アウトソーシング）監査

2．外部委託先に対する内部監査の必要性

　内部監査部門としては、委託元部門から外部委託先への「委任」がいつの間にか「放任」となっていないかという観点から確認を行う必要があります。外部委託先では様々な問題が発生する可能性があり、問題が発生した際には委託先の責任もありますが、委託元としての責任を問われることが多くなっています。

　そのため、**図表 3-3-2** に示すような問題事例などに対して、委託元の事業部門がどのように対応できているか（対応しようとしているか）、問題が発生した際に透明性の高い説明責任を果たせるかという視点で、内部監査を実施することが必要になっています。

図表 3-3-2　外部委託先で頻出する問題事例

やらなければいけないことが満たされているか			本来行いたいことができているか
コンプライアンス	情報セキュリティ	運用管理	業務品質
反社会的組織とのつながり	故意・過失による顧客情報・機密情報の漏えい	管理部門の過度な管理負担	システムトラブルによる業務の中断
契約手続・管理手続の未実施・不備	サイバー攻撃による被害	委託元部門による管理レベルのバラツキ	要求した仕様・水準どおりに設計されない／設計したとおりにサービス提供されない
委託先の財務やリソースの問題に伴う作業の停止・遅延	情報誤りによる損害、作業の遅延	管理内容の抜け落ちや形骸化	継続的なサービス提供が担保されない

ガバナンスが機能せず実態が把握できていない／再委託先の管理の実態が把握できていない

上記の問題が顕在化することで、レピュテーショナルリスクの増大、顧客の離反、収益の減少、競争力の低下、コア業務の停止、管理の形骸化等、経営にインパクトをもたらす影響へとつながる可能性がある。

作成：PwC

61

第 3 章　組織再編・M&A・経営統合と内部監査

3．外部委託先に対する管理態勢の構築・強化のポイント

　外部委託先の選定の管理や高度化を図るためには、委託先の選定段階から業務パフォーマンスの評価・改善までの各段階において自社で設定した評価指標に基づいて、業務が行われているか断続的なモニタリングを実施します。また、それを支えるマニュアルの作成や研修の実施といったインフラ作りも不可欠です。外部委託管理態勢の構築・強化の主なポイントを**図表 3-3-3** に示します。

図表 3-3-3　外部委託管理態勢の構築・強化のポイント（例示）

委託先選定	委託先選定項目・プロセスの整備	外部委託に関する情報インフラの整備	管理者・担当者向け研修	規程・手続・マニュアル・帳簿等の整備・見直し	外部委託管理ルールの整備・高度化に向けた見直し
	委託候補先の事前評価				
	SLA（サービス品質保証）の策定				
業務履行中	業務品質に関するモニタリング項目・ルールの整備				
	情報セキュリティに関するモニタリング項目・ルールの整備				
	主管部のモニタリング代行、第三者としてのモニタリング				
	管理者・担当者によるスキル向上（スキルトランスファー）				
評価	内部監査としてのモニタリング				
	評価項目・手続の策定				
	評価結果、第三者評価結果の活用				

作成：PwC

4．外部委託先に対する内部監査のポイント

　外部委託先監査は、大きく 2 つの観点で行われます。一方は、外部委託先の業務実施状況に対する監査で、もう一方は、委託している側（委託元）の会社の委託先管理に対する監査です。外部委託業務がうまくいって

第3節　外部委託先（アウトソーシング）監査

いないという場合には必ずしも外部委託先だけに問題があるとは限らないため、問題の本質が一方にあるのか、または両方にあるのかを慎重に特定することが重要です。

[1]　外部委託先に対する内部監査の実施

外部委託先に対する監査を実施するためには、委託契約の中で内部監査権の行使ができるように監査条項を設けておくことが有用です。また、一般的には突然訪問するわけにもいかないため、内部監査を実施する旨の通知を先方に提出し、しかるべき段取りを踏むことが求められます。

[2]　外部委託の委託元の部門に対する内部監査

委託先に何を依頼し、どのようにその品質管理を行っているかは、外部委託が成功するポイントの1つです。特に、グローバルで外部委託を行う場合は、委託先とのコミュニケーション窓口が委託元の関連部門間で明確になっており、コミュニケーションの基礎となる委託先に対する業績評価指標が適切に設定・運用されていることがポイントです。

また、委託先に対する業績評価指標が目標値に達しない場合や、初期に想定した成果が得られていない場合は、委託先に対して委託元として正式に改善を要求したり、場合によっては報酬支払の減額を検討したりすることも重要になります。

委託元に対する内部監査の実施にあたっては、このようなポイントが委託元の部門内・部門間でどのように検討・実施されているかを理解・評価することが有意義です。

なお、外部委託を頻繁に活用している場合は、内部監査の結果を全社的に適時・適切に共有することが重要です。例えば、過去の外部委託業務における失敗事例や成功事例を共有することで、外部委託業務に係る全社的なリスクの管理を高度化し、より前向きに外部委託業務を進める

63

第 3 章　組織再編・M&A・経営統合と内部監査

ことができます。また、外部委託業務に慣れていない部署・担当者を含めて、外部委託業務の選定・実施・評価について、効果および効率性を向上させることができるようになります。

第4章

グローバル・コンプライアンス と内部監査

本章の狙い

- ◉ 昨今のグローバルレベルでのコンプライアンスの動向および 特徴について理解する。
- ◉ データ保護規制および贈収賄関連規制のグローバル動向と内 部監査部門としての貢献について理解する。
- ◉ 業界固有のグローバル規制の動向および内部監査部門として の貢献について理解する。
- ◉ 今後、議論の活発化が予想される広域経済連携と内部監査部 門への期待について理解する。

●●●● 第 **1** 節

グローバル・コンプライアンスの動向と実務対応

1. グローバル・コンプライアンスに対する注目度の高まり

［1］ グローバル規制と内部監査

　企業の不祥事などが報道を賑わすようになり、法令コンプライアンスに関する企業内外の注目度は、過去に類を見ないほど高まっています。一方、法令コンプライアンスの領域は非常に幅広く、グローバルでの規制、各国規制、業界自主規制など様々なレイヤーで施行されています。また、経営資源の効率化や協業を通じたイノベーションの加速の観点から、外部委託の利用を拡大する企業が増加しており、コンプライアンス態勢の構築は自社内で完結しなくなっています。

　各企業は、それぞれの事業内容や事業活動地域などを考慮し、求められる世界各地の規制のすべての要求事項に対して十分かつ完全に対応する必要があります。

　昨今では、特に EU などの規制に見られるように、1 つの国・地域で発効された規制が事業活動の領域に応じて、域外適用される規制も少なくありません。また、これらの中には、業界・業種を問わず適用される規制と、業界固有の規制・ルールとが存在します。各地域の規制は似て非なることもあるため、グローバル企業としてはグローバル全体で各地域

66

第 1 節　グローバル・コンプライアンスの動向と実務対応

の規制の異同をよく理解した上で取組みを進めることが効果的です。

　しかしながら、すべてのグローバル規制やその実務指針について、日本の本社が各国の法規制を一元的に情報収集・理解して対応できているわけでは必ずしもありません。一次的には各拠点の事業部門やコンプライアンス担当者がその役割を担い、必要に応じて拠点や、場合によっては本社部門とともに対応にあたっているのが現状です。

　そのため、自社のグローバル・コンプライアンス態勢の成熟度を踏まえて、多様な海外の法規制について、内部監査部門としてどのように対応すべきかが、多くの企業にとって重要な課題となっています。理想的には、各拠点に配置した内部監査人が中心的役割を果たすことで、拠点におけるコンプライアンス対応状況のモニタリングが可能になりますが、実務上は、多くの企業においてリソースの都合や現地の内部監査人の能力に関わる問題を抱えており、内部監査としては必ずしも十分な対応ができているとはいえない状況です。

[2]　グローバル・コンプライアンスの重要性

　このような環境の中で、コンプライアンス違反を行ってしまった場合、その悪質性や重要性、違反期間などに応じて、課徴金や罰金の負担、事業許可の取消しなどの形で直接的に企業の事業遂行に大きな影響を与えます。また、長年培ってきたブランドの信頼低下やレピュテーショナルリスクなどの形で、間接的にも企業価値の大きな毀損につながります。

　さらに最近では当該コンプライアンス違反を事前に予防、早期に発見できなかったことに対する会社や役員個人の賠償責任の追及に関してもリスク管理上の対応課題となっています。

　こうした点から、事業活動のグローバリゼーションとあわせて、いかにグローバルレベルでのコンプライアンスを強化し、内部監査部門として対応していくかが、より一層重要な経営課題の1つになっています。

第 4 章　グローバル・コンプライアンスと内部監査

2．グローバル・コンプライアンスの範囲と類型

　一言でコンプライアンスといっても、企業としての理念・行動規範の実践から、各地域における法規制遵守にいたるまで、その範囲は多岐にわたり様々な類型があります。グローバル・コンプライアンス態勢を構築するためには、まずは企業として、この類型を適切に整理し、文書化・規定化して国内外の全社員で共有することが重要です。誰が、何のコンプライアンスに、どのような行為責任（管理、監視、監督など）を負うのかを明確にすることで、具体的な実効性のある対応を検討することが可能になります（**図表 4-1-1** 参照）。

図表 4-1-1　コンプライアンスの範囲と類型（イメージ図）

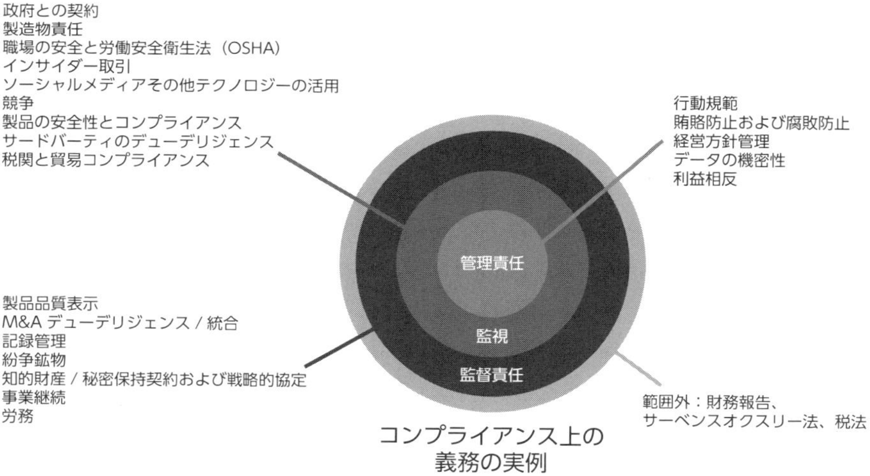

政府との契約
製造物責任
職場の安全と労働安全衛生法（OSHA）
インサイダー取引
ソーシャルメディアその他テクノロジーの活用
競争
製品の安全性とコンプライアンス
サードパーティのデューデリジェンス
税関と貿易コンプライアンス

行動規範
賄賂防止および腐敗防止
経営方針管理
データの機密性
利益相反

管理責任

監視

監督責任

製品品質表示
M&A デューデリジェンス／統合
記録管理
紛争鉱物
知的財産／秘密保持契約および戦略的協定
事業継続
労務

範囲外：財務報告、
サーベンスオクスリー法、税法

コンプライアンス上の
義務の実例

出所：PwC 2015 年度コンプライアンス調査「戦略的パートナーとしてのコンプライアンス部門　競争優位の獲得に向けて」

第1節　グローバル・コンプライアンスの動向と実務対応

3．経営者から見たグローバル・コンプライアンスに関する優先テーマ

　経営者は、具体的にどのようなコンプライアンス・リスクが最も重要であると考えているのでしょうか。PwC では毎年、最高倫理・コンプライアンス責任者（以下「コンプライアンス責任者」）を対象に意識調査を実施しています。2015 年度の調査では、23 業種からなる 1,102 社のコンプライアンス責任者から回答を得ました[*1]。この調査の中で、今後 5 年間（2020 年まで）の間に予想される重要なコンプライアンス・リスクとして認識している上位 3 つのリスクについて質問したところ、**図表 4-1-2** のような結果となりました。

　本章では、この調査結果をもとに、次節以降で上位 3 つのリスクとしてあげられたデータセキュリティ、プライバシー・秘密保護、および贈収賄、に加えて業界特有の規制として製薬業界の透明性規制に着目し、その動向と内部監査部門としての対応について解説します[*2]。

＊1　https://www.pwc.com/jp/ja/japan-knowledge/archive/assets/pdf/compliance-survey2015-strategic1508.pdf

＊2　PwC の最新の経済犯罪実態調査においては、マネーロンダリングも注目すべきリスクの 1 つであることが浮かび上がっています。詳細は、PwC2016 年経済犯罪実態調査を参照してください。

　　http://www.pwc.com/jp/ja/japan-knowledge/thoughtleadership/economic-crime1608.html

69

第 4 章 グローバル・コンプライアンスと内部監査

図表 4-1-2　今後 5 年間（2020 年まで）の間に予想される重要なコンプライアンス・リスク（上位 3 つ）

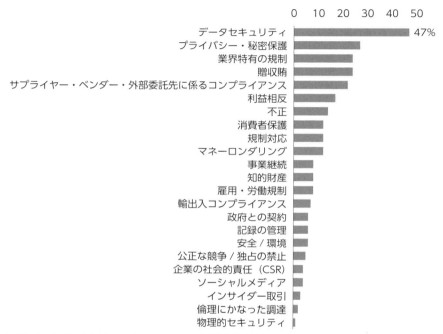

出所：PwC 2015 年度コンプライアンス調査「戦略的パートナーとしてのコンプライアンス部門　競争優位の獲得に向けて」

データ・プライバシーに関するグローバル・コンプライアンスと内部監査

1. データ保護をめぐる近年の各地域の規制の動向

[1] EU 一般データ保護規則（GDPR）

EU においては、1995 年に「EU データ保護指令」が制定されました。その後、近年のビジネスのグローバル化やビッグデータの台頭などを踏まえ、2016 年 4 月に「EU 一般データ保護規則」（GDPR）が制定され、2018 年 5 月から適用されます。

この GDPR は、EU 域外から EU 域内にサービスを提供する組織にも適用される（域外適用）ことや、第三国へのデータ移転制限の厳格化、データ保護責任者（DPO）の設置、データ侵害発生時の 72 時間以内の監督当局への報告が義務付けられるなど、従来の EU データ保護指令と比べて、より厳格化が進められています（**図表 4-2-1** 参照）。

これらの規定に違反した場合には、グローバル売上高の 4％ または 2,000 万ユーロ（約 25 億円）の制裁金が課されることが明記されており、欧州で事業活動を行っている日系企業にとって、喫緊の対応を要する課題の 1 つとなっています。

第 4 章　グローバル・コンプライアンスと内部監査

図表 4-2-1　GDPR のデータ保護要件の概要

域外適用	外部委託先にも適用
EU 域内だけでなく、域外から EU 居住者にサービスを提供またはモニタリングをしている海外企業にも適用	個人データを管理するデータ管理者だけでなく、処理（収集、保管等）の委託先となるデータ処理者にも適用
第三国へのデータ移転制限	データ保護影響分析
EU 当局による十分性認定を受けていない第三国への個人データ移転を禁止。移転に際しては一定の対応が必要	新技術の利用によって個人の権利を侵害するリスクが高い場合、データ保護影響分析を実施
個人の権利保護強化	DPO の設置
個人情報の収集、利用に際しての、情報主体（個人）による明確な同意取得。「忘れられる権利」も明記	データ保護に関する知識、専門性を有する DPO を任命し、当局に通知
情報侵害時の公開義務	高額な制裁金
個人情報の侵害が発生した場合、72 時間以内に監督当局に報告。情報主体（個人）にも遅滞なく通知	違反企業には、全世界の年間売上高の 4％ または 2,000 万ユーロ（約 25 億円）の制裁金

注：各種公表資料をもとに PwC 作成

[2]　中国の新サイバーセキュリティ法案

　中国においては日本の個人情報保護法のような包括的な法規制は存在せず、業界ごとの法規制の中で個別に個人情報の取扱いが規定されてきました。

　しかし、海外の個人情報保護関連規制の動向を受けて、新サイバーセキュリティ法案が制定され、2016 年内にも制定、施行される予定となっています。名称はサイバーセキュリティとなっていますが、その規制内容はサイバーセキュリティだけではなく、個人情報保護に関するものも含まれています（**図表 4-2-2** 参照）。

　特に、従来は必ずしも明確に制限されていなかった国外への個人情報の持ち出しが、この法律で明記されたことから、中国における個人情報

第 2 節　データ・プライバシーに関するグローバル・コンプライアンスと内部監査

図表 4-2-2　中国のサイバーセキュリティ法の 6 つのキーエリア

ネットワークセキュリティ計画、基準、意識	重要な情報セキュリティインフラ	ネットワーク商品およびサービスのセキュリティ
個人情報および機密情報の保護	セキュリティインシデントの監視と緊急時対応	法的な義務と責任の枠組み

出所：各種公表資料をもとに PwC 作成

の収集や、これを海外と共有する場合には、この法律やこれに続いて策定される予定となっているガイドラインへのコンプライアンスに注意が必要となります。

[3]　米国の Privacy Shield

　これまでは、EU から第三国に個人情報を移転する場合は EU 当局による「十分性認定」が必要でしたが、EU から米国への個人情報の移転に関しては、EU と米国との間でセーフハーバー協定が締結されていたことにより、十分性認定を受けなくてもデータ移転が可能でした。

　しかし、いわゆるスノーデン事件を契機として、2015 年 10 月、EU 司法裁判所がこのセーフハーバー協定が無効であるとの判決を下したことから、急遽、EU と米国との間でその協定に替わる Privacy Shield の枠組みに沿った登録制度が導入されました。

　この制度では、企業が Privacy Shield に登録することで、セーフハーバー

第4章　グローバル・コンプライアンスと内部監査

協定の時と同様に個人データを移転することが可能となりましたが、一方で登録に際して企業に求められる要件は厳格化されました。

2．データ保護に関する内部監査部門の貢献

[1]　グローバル内部監査の重要性

　以前は多くの企業において、各国の法規制へのコンプライアンス対応は現地の拠点が主体的に行い、内部監査部門としては、グローバル内部監査を通して、その対応実施状況をモニタリングしてきました。しかし、前述の法規制は、当該国・地域だけではなく、他の拠点や本社機構にも影響し得るものとなっています。

　そのため、今後は各拠点による個別の監査のみではなく、複数拠点・地域や、場合によってはグローバルレベルでの対応状況をテーマ監査として内部監査の対象とすることが必要です。これには法規制の理解だけではなく、その要求事項について、拠点と本社機構の双方がどのように対応しているかを大所高所から把握し、監査対象領域を検討することが不可欠です。

　特に拠点間でITを活用した情報共有が行われている現状では、データのライフサイクル（収集、加工、保管、廃棄）を意識して、どこでどのようなデータがどのように収集され、そのデータがどこでどのように加工、保管されているかを識別することが重要です。

　そのためには、データの流れをビジネスの観点で把握した上で、リスクアセスメントを実施し、重要と考えられる拠点を中心に、関連する拠点をあわせた内部監査スコープを設定することが有意義です。

74

第2節　データ・プライバシーに関するグローバル・コンプライアンスと内部監査

[2]　グローバル内部監査の取組みのポイント

　総じてデータ保護に関する海外規制は、内容や求めるレベルが様々であることから、個別の法規制対応を各拠点の内部監査部門に委ねることは、限られた監査資源の冗長利用になりかねません。これを防ぐためにも、法規制の個別論点ではなく、これらに共通する要素を原則主義の考え方に基づいて洗い出し、これをカバーした監査プログラムを策定した上で拠点に展開することで、標準化された質の高い内部監査が可能になります。

　なお近年は、IT システムをグローバル共通や地域共通のプラットフォームとする場合も多くなっています。IT システムのグローバル化にあたっては、本社の情報システム部門がそのシステム化の企画をリードすることが多くなりますが、グローバル規制の動向を勘案すると、本社の IT 部門が、より一層現地の規制を主体的に理解し、システム要件を吟味する際に考慮することが重要です。場合によっては、内部監査部門として、グローバル IT システムの企画段階から監査を開始し、必要な要件が具備されているかをシステムの企画・開発と並行してチェックすることも有意義です。

75

● ● ● 第 ③ 節

贈収賄に関するグローバル・コンプライアンスと内部監査

1. 贈収賄をめぐる近年のグローバル規制の動向

[1] 贈収賄等の腐敗に取り組むための国際的・地域的枠組み

　贈収賄をはじめとした腐敗に取り組むための主な国際的枠組みとして、OECD 外国公務員贈賄防止条約および国連腐敗防止条約があります。これらの条約は、締約国に対して贈賄に関する法規制整備を求めており、各国は条約義務履行のため、国内法整備を進めています。また、地域的枠組みも同様の役割を果たしています（**図表 4-3-1** 参照）。

[2] 米国における連邦海外腐敗行為防止法および英国贈収賄法

　米国における連邦海外腐敗行為防止法（FCPA）は、1977 年に規定された米国の連邦法であり、外国公務員に対する賄賂の支払いを禁止する規定（賄賂禁止規定）と、証券取引法（Securities Exchange Act of 1934）に基づく会計の透明性を要求する規定（経理規定、Accounting Provisions）から構成されています。

　一方、英国贈収賄法（UK Bribery Act）は、2010 年に成立し、2011 年より施行された法律であり、従来の賄賂に関する法令やコモン・ローの条項を廃止した上で贈賄、収賄、外国公務員に対する贈賄、営利組織の

76

第 3 節　贈収賄に関するグローバル・コンプライアンスと内部監査

図表 4-3-1　贈収賄等の腐敗に関する主な国際的・地域的枠組み

条約名	締約国数 （2013 年 6 月現在）	概要
OECD 外国公務員贈賄防止条約 （1999 年発効）	40 か国 （OECD 加盟国 34 か国および非加盟国 6 か国）	締約国に対し、外国公務員に対する贈賄行為を犯罪として定めることを求めている。
国連腐敗防止条約 （2005 年発効）	167 か国 （日本は未批准）	締約国に対し、自国の公務員、外国公務員および公的国際機関の職員に係る贈収賄、公務員による財産の横領、犯罪収益の洗浄等の腐敗行為を犯罪として定めることを求めている。その他、公的部門・民間部門における透明性向上措置、犯罪収益資金洗浄の防止措置、腐敗行為に係る犯罪人引渡や捜査・司法共助、犯罪収益没収に係る国際協力について定めている。
欧州共同体公務員及び欧州連合加盟国公務員に係る腐敗撲滅に関する欧州連合条約（1997 年）	27 か国	欧州連合加盟国に対し、EU 締約国公務員および EU 公務員に係る贈収賄の犯罪化を求めている。
民間セクターにおける腐敗撲滅に関する枠組決定（2003 年発効）	27 か国	欧州連合加盟国に対し、ビジネス活動における民間事業者間の贈収賄を国内法上の犯罪として定めることを求めている。
腐敗防止に関する米州条約 （1997 年発効）	34 か国	締約国に対し、国内贈賄罪の法制化を求めている。

注：各種公表資料をもとに PwC 作成

第4章　グローバル・コンプライアンスと内部監査

贈賄防止措置の懈怠の罪などを規定しています

　近年、これらの法令の違反行為に対して多くの訴追がなされています。図表 4-3-2 は、米国 FCPA に基づく訴追状況をまとめたものです（いずれも 2013 年 10 月現在）。訴追件数は 2007 年以降急増し、近年では件数自体は横ばいとなっていますが、罰金額は非常に高額化しており、訴追された場合、企業経営そのものに深刻な影響を及ぼし得る状況となっています。

図表 4-3-2　FCPA に基づく訴追件数の推移

	司法省（DOJ）	証券取引委員会（SEC）
2005 年	6	5
2006 年	7	8
2007 年	19	18
2008 年	23	10
2009 年	34	12
2010 年	33	15
2011 年	12	15
2012 年	13	10
2013 年	24	8
2014 年	21	8
2015 年	9	9

注：各種公表資料をもとに PwC 作成

第3節　贈収賄に関するグローバル・コンプライアンスと内部監査

2．贈収賄規制に関する内部監査部門の貢献

[1]　コンプライアンスプログラムに対する内部監査

　米国および英国をはじめとした各国の法規制内容は異なるものの、類似する点も多いことから、贈収賄防止への取組みに関しては、それぞれの法規制に個別に対応するのではなく、統合的・包括的に進めることが効率的です。

　まず日頃の備えとして、贈収賄の防止対応策を事業部門や管理部門が適切に構築できているかを確認することが重要です。このチェックを行う際には、米国の司法省と証券取引委員会が合同で2012年に発刊したFCPAコンプライアンスの実務ガイドが参考になります（**図表4-3-3**参照）。内部監査部門としては、このガイドにある10の要素を念頭に、適切にコンプライアンスプログラムが整備・運用されているかを監査することが有意義です。

　贈収賄リスクの大きさや顕在化の可能性、顕在化の際の形態は国・地域によっても大きく異なります。不正のない世界の実現を目指す国際NGOであるトランスペアレンシー・インターナショナルでは、世界170か国以上の公共セクターの腐敗度を0から100の腐敗認識指数（CPI）として評価し、公表するとともに、贈収賄リスク診断のための様々な知見や分析を公表しています[*3]。内部監査の実施にあたっては、これらの公表

---

*3　具体的な資料としては、例えばトランスペアレンシー・ジャパンが2016年3月に公表した「贈収賄リスク診断　贈収賄リスクを減らすためのガイダンス」があります。この資料は、企業が業務を通じてさらされる危険のある贈収賄リスクを特定し、評価することを支援するために作られたもので、リスク評価を組織全体の贈収賄対策プログラムに盛り込む方法についても解説されています。

　　http://www.pwc.com/jp/ja/japan-knowledge/thoughtleadership/diagnosing-bribery-risk1603.html

第4章　グローバル・コンプライアンスと内部監査

資料も参考にしつつ、監査対象国・地域に応じた対応をとることが有意義です。

図表 4-3-3　効果的なコンプライアンスプログラムの構成要素

```
 1.  経営者の意向と姿勢
 2.  行動規範および汚職防止方針の作成
 3.  責任者の任命と人的資源の確保
 4.  定期的なリスク評価の実施
 5.  継続的コミュニケーションおよび研修の実施
 6.  効果的な人事制度と懲罰基準の策定
 7.  第三者（エージェント等）に対するデューデリジェンスの実施
 8.  有効な内部通報制度の設置と効果的な内部調査の実施
 9.  継続的改善の実施
10.  M&A 前の DD および PMI の実施
```

注：US Department of Justice and the US Securities and Exchange Commission, A Resource Guide to the US Foreign Corrupt Practices Act, 2012, pp.57-62 をもとに PwC 作成

［2］　M&A に伴う FCPA デュー・デリジェンスに関わる内部監査

通常の内部監査の中での確認に加えて、M&A などが行われた際には臨時かつ特別な内部監査を企画・検討する必要があります。買収先の会社において、どのような FCPA 対応策が行われていたか、その内部統制は有効であったのかについて、買収前のデュー・デリジェンスにおいて、買収元の事業部門や法務部門がどのように確認したのかを内部監査部門として把握します。もし事業部門や法務部門がこのようなチェックを行っていない場合には、当該部門にその実施を促すとともに、場合によっては内部監査部門として直接内部監査を実施すべきかどうかを検討することが必要です（**図表 4-3-4** 参照）。

第3節　贈収賄に関するグローバル・コンプライアンスと内部監査

図表 4-3-4　FCPA デュー・デリジェンスにおける主な確認事項（例示）

企業情報 事業の性質	・企業に関する基礎情報 ・事業の性質 ・政府や公的機関に在籍経験を持つ役員や従業員の有無（いわゆる"天下り"の有無）
コンプライアンス ポリシー・規程類 の状況	・コンプライアンスポリシーの全般的な導入状況 ・腐敗防止に関する内部規約の整備・運用状況 ・会計・財務報告に関する内部統制の整備・運用状況
外国事業	・事業が行われている国・地域 ・政府や公的機関に対する売上がある当該国・地域以外の国・地域
許認可の 取得状況	・許認可の取得状況 ・ライセンスの取得状況 ・その他各種事業情報の登録・開示状況
監督機関 との関係	・事業の監督機関 ・許認可の監督機関 ・営業ライセンスの監督機関 ・上記の監督機関からの調査・問い合わせおよびその対応状況
エージェント コンサルタント 仲介業者	・サービスの内容・性質 ・契約条項の内容 ・契約先の選定方法 ・契約先との取引継続状況・理由
政府・公的機関 との取引	・政府・公的機関に対する入札等の参加資格の有無、参加状況および結果 ・政府や公的機関に対する売上 ・政府や公的機関に対するモノやサービスの提供
政府職員・ 公務員に対する 提供行為	・飲食やギフトの提供 ・宿泊費や旅費の提供 ・上記以外の便宜の供与 ・すべての提供行為の会計処理・証憑

81

第 4 章　グローバル・コンプライアンスと内部監査

寄付行為	・政府・公的機関に対する直接的な寄付・献金 ・政府・公的機関に対する間接的な寄付・献金 ・寄付行為の稟議プロセス ・寄付行為の会計処理
コンプライアンス チェック態勢	・不正の自主的な通報や公開を行った実績 ・内部監査および外部監査の実施状況および結果

注：各種公表資料をもとに PwC 作成

第 **4** 節

業界固有のグローバル・コンプライアンスと内部監査
―製薬業における透明性開示規制

1. 製薬業界におけるグローバル・コンプライアンスの重要性

　本節では、製薬業界を例に、業界固有のグローバル・コンプライアンス対応をテーマとした内部監査の実務について解説します。

　製薬企業は、医薬品という生命に関わるものを扱っている特性から、医薬品の安全と安心を確保するために、規制当局や業界団体から活動の制限を受けています。代表的なものとしては、医薬品等の品質や安全性、有効性に関する規制である「医薬品、医療機器等の品質、有効性及び安全性の確保等に関する法律」（薬機法）、営業活動および医師や医療機関への金品の提供に関する日本製薬工業協会の自主規準（「製薬協コード・オブ・プラクティス」「企業活動と医療機関等の関係の透明性ガイドライン」〈以下「透明性ガイドライン」〉等）があり、業界特有の各種規制へのコンプライアンス対応の重要性は年々高まっています。

2. 透明性開示規制の概要

　製薬業界におけるコンプライアンス対応の中でも、近年、世界各国で取組みが強化されたことにより注目されているのが「透明性開示規制」[*4]

---

　*4　各国で公的・自主規制の形で導入が進む、製薬企業から医療機関への金銭や物品などの提供に関する情報開示規制です。

83

第 4 章　グローバル・コンプライアンスと内部監査

図表 4-4-1　主要国の透明性規制の状況

注：各種公表資料をもとに PwC 作成

です。

　製薬業界の透明性開示規制は、世界医師会（WMA）から「医師と企業の関係に関する WMA 声明」（2009 年）が発表されたことで、各国で製薬企業から医師や医療機関への金品の提供に関する情報公開のルール作りがはじまりました（図表 4-4-1 参照）。

　日本の製薬企業は、各企業の方針に基づいて、主として透明性ガイドラインに基づく情報開示への対応が求められますが、日本以外の国・地域でビジネスを行っている場合は、各国・地域の法令やガイドラインへのコンプライアンスが求められます。

　開示範囲の拡大やルールの複雑性からコンプライアンス対応主管部門の負荷は少なくありませんが、法規制に対応するだけでなく、開示情報を有効に活用することで「非財務情報開示」[*5] の拡充や他の各種コンプライアンス活動の強化につなげることが可能であることから、製薬各社は体系的・戦略的なアプローチで取り組んでいます。

---

*5　CSR 報告書等により開示されています。

第4節　業界固有のグローバル・コンプライアンスと内部監査

3．透明性開示規制に対する内部監査部門の貢献と実務上のポイント

[1]　実務上の3つのポイント

　前述したように、グローバル展開している企業においては、現地の法規制・ルールに基づいてコンプライアンス対応する必要があります。そのため、内部監査は現地法人とうまく連携しながら監査を実施する必要があります（ポイント①）。

　米国や欧州など世界各地に展開している企業の場合は、複数の制度への対応が求められますが、効果的・効率的な内部監査を実施するには、まず制度間の要求事項の差異を把握することが役に立ちます（ポイント②）。

　また、透明性開示では暦年などの一定期間ごとの継続的な開示が求められます。このため開示前・開示後のどのタイミングで内部監査を実施するのかということも重要なポイントとなります。そのタイミングにより、被監査部門とのコミュニケーションの仕方や内部監査の報告結果への対応方法が変わってくるため、監査計画の段階から被監査部門と議論しておく必要があります（ポイント③）。

[2]　ポイント①：グローバル内部監査

　透明性開示に関する内部監査においては、現地法人のコンプライアンス主管部門や本社の内部監査部門と現地法人の内部監査部門で連携し、法規制・ルールへの対応状況をグローバルで確認していくことが有効です。グローバルで内部監査を実施する場合、必然的に被監査部門や報告先が多くなるため、国内拠点に対する内部監査以上に、より一層コミュニケーションが重要となります。

85

第4章　グローバル・コンプライアンスと内部監査

■グローバル内部監査において注意すべき観点（例示）

・必要な規定がグローバルで共有されているか。
・拠点間のコミュニケーションは適切に行われているか。
・拠点内のローカルな問題であっても、重要な問題についてはグローバルで報告されているか。

[3]　ポイント②：各国・地域の制度間の比較

　透明性開示規制に対する各国・地域での対応状況について、個別に内部監査を実施する場合には、工数が非常に増えてしまうことが想定されます。はじめて透明性開示規制に関する内部監査を実施する場合、ある程度工数がかかってしまうのは仕方がないことですが、各国・地域の制度に関する相違を整理し、各国・地域の制度とその差異を理解することで監査要点や手法の標準化・共通化をするとともに、ノウハウを共有・蓄積し、別の国・地域の透明性開示規制に対して効果的かつ効率的に内部監査を実施することができます（**図表4-4-2** 参照）。

　例えば、各国・地域の制度間では開示すべき対象や要求事項（医師や医療機関からの開示承諾の必要有無など）に差異があるかもしれませんが、医師や医療機関などに対する支払いデータを収集し、開示データを生成するプロセスには大きな差異はない場合が多くあると考えられます。そのため、2回目以降の透明性開示規制に関する内部監査では、初回で実施した透明性開示規制と異なるプロセスのみをテスト対象としたり、サンプル数を減らしたりすることにより、効率的な内部監査の実施が可能となります。

　また、会社全体のプロセスを内部監査部門の立場で俯瞰してみると、部署間で対応プロセスが異なっていたり、ルールの解釈を誤っていたりすることを発見できるケースがあります。内部監査部門として、各国・地域の制度対応を比較し、プロセスやコントロールに対して助言するこ

第 4 節　業界固有のグローバル・コンプライアンスと内部監査

図表 4-4-2　透明性開示における各国・地域の制度の差異

	日本	米国	欧州
名称	日本製薬工業協会の透明性ガイドライン	米国サンシャイン条項（US Sunshine Act）	EFPIA Disclosure Code
規制の種類	日本製薬工業協会の自主規制	米国の公的規則	EFPIA の自主規制
公開要求	医療機関等との関係の透明性に関して、会員企業は自社の「透明性に関する指針」を策定し、自社における行動基準とする。	適用される製造業者および共同購売組織（GPOs）は、医師や教育研究病院への直接的・間接的な移動について報告する。	会員企業は、受領者のために、対価の移動を記録および開示する。
公開対象となる受領者	医療従事者、医療機関、学術研究機関	医師および医療機関	医療従事者、医療機関
公開項目	〈個別の支払先ごとの開示〉 ① 研究開発費等（A） ② 学術研究助成費（B） ③ 原稿執筆料等（C）	① コンサルティング等業務委託費 ② サービスおよびコンサルティングの報酬 ③ 謝礼 ④ 寄贈品 ⑤ 宴会 ⑥ 飲食 ⑦ 旅行、宿泊 ⑧ 教育	〈個別の支払先ごと[*6]の開示〉 ① 寄附および助成金（HCO[*7]） ② イベント関連費用（HCO/HCP[*8]） ③ サービスおよびコンサルティングの対価（HCO/HCP）

第4章　グローバル・コンプライアンスと内部監査

公開項目	〈総額開示〉 ④　情報提供関連費（D） ⑤　その他の費用（E）	⑨　研究 ⑩　寄付金 ⑪　特許権使用料、ライセンス ⑫　現在または今後発生する所有権および投資利益 ⑬　未認可、非認定の継続教育プログラムの指導者、スピーカーとしての報酬 ⑭　認可済、認定済の継続教育プログラムの指導者、スピーカーとしての報酬 ⑮　補助金 ⑯　スペースレンタルや施設費	〈総額開示〉 ④　研修開発費
除外項目	N/A	①　個人的な関係によるもの ②　10ドル以下の支払いおよび対価の移動（受領者への年間総額が100ドルを超えている場合を除く） ③　直接的に患者の利益になるまたは患者が使用する教材 ④　割引やリベート ⑤　患者の利用を目的とした製品サンプル ⑥　慈善ケアを提供するための物品 ⑦　短期貸付金 ⑧　契約保証 ⑨　受領者が患者となる場合の対価の移動 ⑩　ヘルスケアの提供 ⑪　非医療従事者への対価の移動 ⑫　民事、刑事、行政に関する手続	①　OTC[*9]医薬品関連 ②　飲食（国によっては開示対象） ③　医療用サンプル（HCP Code で禁止されている） ④　通常購買として行われた医療用製品の提供（製薬メーカーと医師および医療機関間の購買）

注：各種公表資料をもとに PwC 作成

第4節　業界固有のグローバル・コンプライアンスと内部監査

とは非常に有用です。

[4]　ポイント③：内部監査の実施タイミング

　通常の内部監査のテーマでは、被監査部門の業務結果を事後的に評価するケースがほとんどだと思いますが、透明性開示のように内部監査の結果が開示内容と直結する場合は、開示書類作成プロセスと並行して内部監査を実施するアプローチが求められます。

　開示後に内部監査を実施した場合、すでに監査対象は開示されており、被監査部門は監査結果を受け取っても開示内容を修正することができない、または、修正するには多大な工数がかかることが想定されます。次年度の開示においては役立つこともあるかもしれませんが、被監査部門の立場になれば、監査結果に対して「いまさら開示後のタイミングで指摘してもらってもどうにもならない」という印象を持つと思われます。

　そこで、開示対象期間の終了後（例：1月から12月が開示対象期間の場合は翌年1月以降）に、開示に向けたプロセスと並行して内部監査を実施することで、内部監査で発見された指摘を被監査部門に適宜フィードバックし、開示期日には内部監査の結果が反映された形で開示が行われ、より付加価値の高い内部監査を提供できることになります。

＊6　同意が得られない場合は総額のみ開示する。
＊7　医療関係組織。
＊8　医療関係専門家。
＊9　薬局・薬店・ドラッグストア等で市販される医薬品のこと。

第5節

広域経済連携等のグローバル・コンプライアンスと内部監査

1．TPP などの広域経済連携等の検討状況

　グローバル・コンプライアンスへの対応は、既存の規制への対応だけではありません。今後の規制や条約の改訂動向を見越して、その潜在的リスクへの対応に関して社内で必要かつ十分な検討がされているかという視点もまた、持続的な企業価値創造に資する内部監査を行う上での重要なテーマとなります。

　近年は、TPP（環太平洋パートナーシップ）などをめぐる交渉や議論を筆頭に、様々な広域経済連携等を新設・見直しする動きが加速しています（**図表 4-5-1** および**図表 4-5-2** 参照）。このような広域経済連携は、直接的には関税の撤廃や軽減などを通じて輸出入やサプライチェーンの維持に大きな影響を与えるのみならず、人材の広域移動や知的財産権の考え方、流通基盤整備などが、企業の競争優位そのものに大きな影響を与える可能性もあります。

　そのため、各事業部門、各地域の管理部門、本社が適切に連携し、それぞれの地域が経済連携に参加するか否か、参加した場合・しなかった場合のそれぞれについての各地域の各事業に与える影響は何かを適切に把握し、経営戦略として具体的な対応を計画することが重要になっています。

検討にあたっては、リスクと機会、つまり守りと攻めの両面から、その影響と対策を考察する必要があります。

すなわち、広域経済連携の締結や参加が、既存の事業に与えるネガティブインパクトのみならず、当該変化に伴って新しく参入可能となる市場や新しく実現可能となるビジネスモデルなどに関するポジティブインパクトを両にらみで検討することが重要です。

2．TPP などの広域経済連携等に関する内部監査部門の貢献

広域経済連携等の動向について、つまり経営戦略テーマに関して内部監査部門はどのように貢献できるでしょうか。

まずは、広域経済連携に関する動向を適時に個別の事業・拠点レベルで注視できているかという点にとどまらず、グローバルレベルで広域経済連携等の動向に関する情報を集約できているかを監査対象とすることは可能かつ有意義と考えられます。また、当該情報をもとに、その不確実性やインパクトを自社の中長期経営計画に適切に反映できているかなどを、内部監査の対象とすることも可能でしょう。

広域経済連携等の動向に関する内部監査の計画・実施にあたっては、本社の経営企画部門、法務部門、事業部門、各地域の事業・管理部門など、非常に広範な部門が内部監査対象となり得ます。これらは、いわゆる戦略リスクに関わる内部監査の１つであるともとらえられるため、監査役会や監査委員会等とも連携しつつ、コーポレートガバナンス・コードに従った攻めのガバナンス・リスクマネジメントの一環としての継続的な監査テーマとして位置付けられます。

第 4 章　グローバル・コンプライアンスと内部監査

図表 4-5-1 日本企業に関係の深い主な広域経済連携

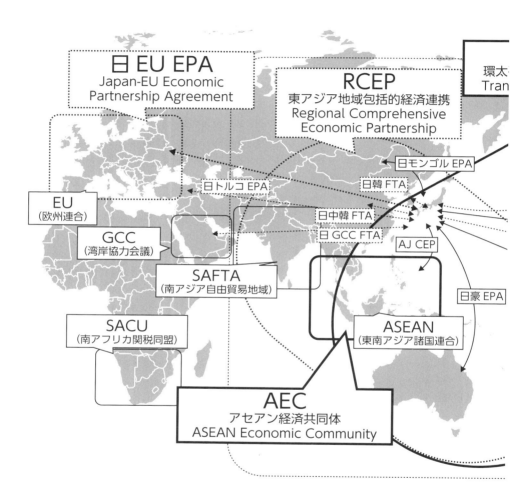

注：経済産業省、外務省、JETRO 等の公表資料をもとに PwC 作成

第5節　広域経済連携等のグローバル・コンプライアンスと内部監査

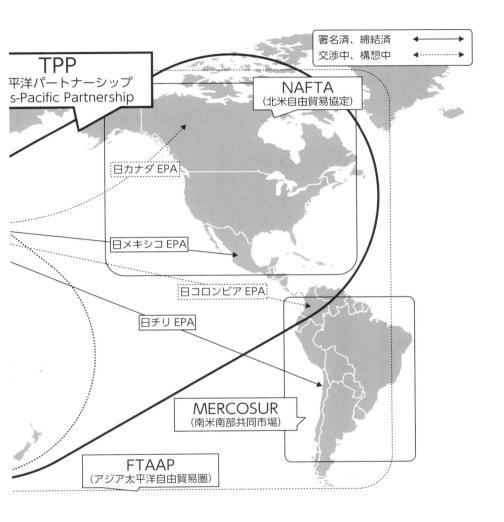

第4章　グローバル・コンプライアンスと内部監査

図表 4-5-2　主な経済連携の概要

主な経済連携	交渉国 / 加盟国	概要
TPP 環太平洋 パートナーシップ 【2016 年 署名済】	計 12 か国 日本、米国、カナダ、ブルネイ、マレーシア、シンガポール、ベトナム、豪州、ニュージーランド、メキシコ、チリ	・知的財産はじめ計 21 の分野をカバーしている。 ・TPP 加盟国の輸出額は総額の 30.9％を占める。 ・米国を含み、実現すれば人口約 8 億人、GDP 約 28 兆ドル（世界全体の約 4 割）を占める環太平洋の広域経済圏となる。 ・2016 年 2 月、TPP 交渉国 12 か国により協定に署名、今後、各国議会承認を経て発効となる。
RCEP 東アジア地域 包括的経済連携 【交渉中】	計 16 か国 日本、中国、韓国、ASEAN 加盟国（インドネシア、マレーシア、フィリピン、シンガポール、タイ、ブルネイ、ベトナム、ラオス、ミャンマー、カンボジア）、豪州、ニュージーランド、インド	・TPP と比較して、政府調達、環境、労働以外のすべての分野をカバー ・TPP 加盟国の輸出額は総額の 44.5％を占める。 ・中国を含み、実現すれば人口約 34 億人（世界人口の約 5 割）、GDP 約 20 兆ドル（世界全体の約 3 割）、貿易総額 10 兆ドル（世界全体の約 3 割）を占める東アジア・東南アジアを中心とする広域経済圏となる。 ・2016 年 9 月、2016 年内とされてきた大筋合意目標を先送りし、交渉を継続することとなった。
AEC アジア経済共同体 【2015 年 発効済】	計 10 か国 ASEAN 加盟国（インドネシア、マレーシア、フィリピン、シンガポール、タイ、ブルネイ、ベトナム、ラオス、ミャンマー、カンボジア）	・東南アジアの新興国を含み、人口約 6 億人を抱える東南アジアの広域経済圏となり、同域で活動する企業に対して大きな影響を与えうる。 ・実施計画を明記する AEC ブループリントにおいて、「単一市場と生産基地」「競争力ある経済地域」「公平な経済発展」「グローバル経済への統合」の 4 つの柱が示されている。

94

第5節　広域経済連携等のグローバル・コンプライアンスと内部監査

		・2015 年末に発効以降、AEC ブルー プリント上で計画されていることも実 態上は期待されたほど進んでいない （2016 年 8 月時点）。
日 EU EPA 【交渉中】	**計 29 か国** 日本、EU 加盟国（フランス、ドイツ、イタリア、オランダ、ベルギー、ルクセンブルク、英国、アイルランド、デンマーク、ギリシャ、スペイン、ポルトガル等計 28 か国）	・実現すれば、人口約 5 億人（日本の約 4 倍）、世界の GDP の約 22％を占める欧州域との大規模な経済連携協定となる見込みである。 ・2016 年末が大筋合意の目標期限とされ、直近では 2016 年 4 月に交渉を実施、今後も交渉が継続されることが同意された（2016 年 8 月時点）。

注：経済産業省、外務省、JETRO 等の公表資料をもとに PwC 作成

第5章

グローバル税務
リスクマネジメント

本章の狙い

● グローバル税務ガバナンス・税務リスクマネジメントが、なぜ今日の企業経営やコーポレートガバナンスの重要なアジェンダの1つとなっているのかを理解する。

● 企業経営者が、グローバル税務ガバナンス・税務リスクマネジメントに向き合う動機・インセンティブを理解する。あわせて、国税庁が推し進める税務に関するコーポレートガバナンスの充実に向けた取組みについて理解する。

● ローカル税務、移転価格、そして BEPS への対応実務を理解する。

● 上記を踏まえ、グローバル税務ガバナンス・税務リスクマネジメントに関して、内部監査に期待される貢献について検討する。

●　●　●　第 **1** 節

日本企業のグローバル税務 ガバナンス・税務リスクマネジメント

1．グローバル税務ガバナンスの意義とその重要性

　今日の企業が直面する事業環境は、ますます複雑さを増しています。PwC では毎年、世界の CEO のビジョンおよびビジネス判断についての分析・考察を「世界 CEO 意識調査」として公表しています。

　2016 年 1 月に公表した「第 19 回世界 CEO 意識調査」では、事業成長に対してどのような項目を脅威と感じているかという問いかけに対し、「過剰な規制」(79%)「地政学的な不確実性」(74%)「為替相場の乱高下」(73%)「鍵となる人材の調達」(72%)「財政赤字と財務負担に対する政府の対応」(71%)そして第 6 位に「租税負担の増加」(69%)がノミネートされており（**図表 5-1-1** 参照）、世界の CEO がグローバル税務リスクに対して大きな脅威を感じていることがわかります。

　現在の世界経済情勢は、TPP の議論に見られるように、世界レベルでの広域経済連携協定の議論が進む一方で、欧州における保護主義の台頭や英国の EU 離脱のように、保護主義・独自主義の動きも同時に加速しています。

　こうした環境下では、各地域や国境を越えた規制のあり方や地政学リスクに適切に対応し、また、それらに伴う為替変動などの不確実性を認識する必要があります。そして、自社のビジネスのグローバル化を長期

98

第 1 節　日本企業のグローバル税務ガバナンス・税務リスクマネジメント

図表 5-1-1　「世界 CEO 意識調査」から見る CEO の懸念と脅威

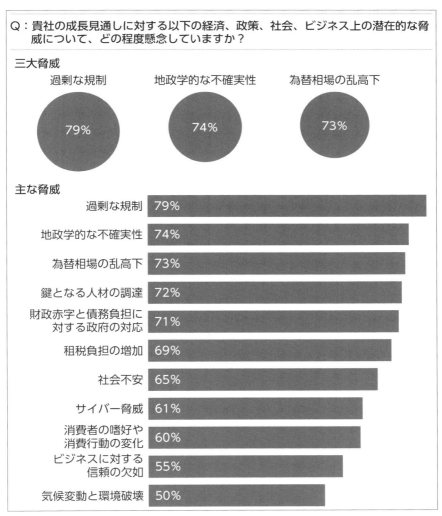

出所：PwC「第 19 回世界 CEO 意識調査（2016 年）」

第5章　グローバル税務リスクマネジメント

視点で見て加速・維持させた結果として ROE を向上させることが、企業
価値創造の要諦となります。

　そして、ROE の算定にあたって大きな影響を与える税金についても、
ルールどおりに適時・適切に納税するという、「コンプライアンスとして
の税務」に加えて、ビジネス環境の変化に迅速に対応しつつグローバル
レベルで最適な実効税率を保ち続ける「グローバル税務に関するガバナ
ンスの強化」が重要になっています。

2. グローバル税務リスクの適切な認識

[1]　個人レベルの納税意識

　グローバル税務ガバナンスを強化する前提となるのがグローバル税務
リスクの適切な認識です。唐突ですが、皆さんはご自身の昨年度の課税
所得がいくらで、いくら税金を払ったかをご存じでしょうか。

　この問いかけに対して即答できる日本人は少ないと思います。一方、
米国人はこのあたりのことを総じてしっかりと把握しており、税金に対
する意識が日本人とは異なるようです。

　日本の多くのサラリーマンは、毎月、源泉徴収が行われているために、
納税との関わりは基本的には年末調整で終わりです。そのため、「納税し
ている」というより「勝手に支払われているから仕方ない」という感覚
を持っているのです。

　一方、米国の場合は、各個人が税務申告することが義務付けられており、
「自らがいくら税金を支払っているか、また、節税の可能性がないか」など、
強い意識を持って各自が対応しています。このような税金に対する強い
意識から、米国人は「これだけ税金を払っているのだから、行政や政治は
ここまでやってくれなければ困る」という考え方を持っているようです。

　また、米国とは税務申告の仕組みは異なるものの、ヨーロッパでも、

第1節　日本企業のグローバル税務ガバナンス・税務リスクマネジメント

ちょっとした会話の中に、税金のことが社会保障や行政サービスなどとセットで出てくることが多いようです。このあたりからも、税金や納税に対する意識は日本人よりは高いと考えられます。

個人レベルの納税意識を全体的に見ると、日本では、税金はよくわからないが仕方なく払っている（すなわち、自分では管理しにくい、または管理できないものである）という感覚を持っているのに対して、欧米では、税金は応分の負担はするものの必要以上に払わない（すなわち、自分で適切に管理すべきものである）という意識が強く、大きな差があるように思われます。

[2]　企業レベルの納税意識

極論かもしれませんが、このような個人レベルと同様のことが企業レベルの納税姿勢にも影響しているように思われます。あるいは、企業レベルのほうがこの傾向は強いのかもしれません。例えば、日本企業における税務対応は、社内の経理・財務部門の一部のマニアックな専門家（税務担当者）に一任されており、それ以外の部門はあまり積極的に関わっていないことが多いのではないでしょうか。

一方、欧米企業では、適切な税のあり方を経営トップおよび税務責任者（Head of Tax）がリーダーシップを発揮して検討・指示するとともに、会社をあげて適切な納税のあり方を検討し、自社のウェブサイトで自主的に開示しているケースが見られます[1]。また、M&Aの局面でも、税務に関する効率的な買収ストラクチャーの検討、およびデュー・デリジェンスに非常に多くの力が注がれています。

---

*1　日本でも、CSR・サステナビリティの観点から税務情報を自主的に公開している上場企業が見られるようになってきています。さらに英国では、一定の企業に関して税務戦略や税務に関する行動規範の開示を義務化する2016年税制改正案が公開されています。

101

第 5 章　グローバル税務リスクマネジメント

　自社のビジネスモデルの収益性に与える税務に関する不確実性はどこにあるのか。また、どのようにすればその不確実性を適切にマネージできるのか。自社の管理可能項目の 1 つとして位置付けることこそが税務リスクマネジメントの基本です。

　国境を越えてビジネスを成長させるために、日本企業の経営者のみならず多くのビジネスマンが、税金をめぐる国民性・風土の差を乗り越え、税務リスクを適切に認識し、対応することが重要になっています。

102

第 **2** 節

グローバル税務ガバナンスへの挑戦方法

1．グローバル税務ガバナンスの4つの視点

　グローバル税務ガバナンスの強化、税務リスクマネジメントの高度化については、その取組みの必要性のみならず、企業経営者にとってそれらに向き合う動機も高まりつつあります。以下では、利害関係者からの期待を含め、グローバル税務リスクマネジメントに挑戦するインセンティブを4つの視点で整理します。

2．ERMの一環としての税務リスクマネジメント

1　税務リスクの種類

「税務リスク」は次の3つに大別できます。

①　追徴課税リスク

②　レピュテーショナルリスク

③　必要以上に税金を支払うリスク

　これらは、ERM（全社的リスクマネジメント）の一環として位置付けることができます。

2　追徴課税リスク

　追徴課税リスクとは、適法性・準拠性に関するものです。新興国などでは、自国産業の育成や外貨獲得を目的に、自国外の企業に対して、移

103

第5章　グローバル税務リスクマネジメント

転価格税制による課税や恒久的施設（PE）などへの認定課税による実態と乖離した税務執行が行われることがあります。また、頻繁に税務に関する制度変更が行われたり、新たな規定の即日施行や遡及適用が実施されたりするなど、追徴課税されるリスクが顕在化しています。

　また、このような新興国などの税規制以外にも追徴課税リスクはあります。例えば、上場企業の有価証券の訂正報告書を見ると、税金関係のものも散見され、特に海外子会社に関係する事案においては、追徴額が高額になるケースがあり、十分な注意が必要です。追徴課税は当然のことながら現金納付が基本なので、海外子会社のキャッシュマネジメントの観点からも非常に注意を要するリスクの1つです。

③　レピュテーショナルリスク

　レピュテーショナルリスクは、企業活動の誠実性・信頼性に関するリスクです。情報の重要性が増した現代では、ちょっとした事件や言動が、企業の評価を下げる原因となる場合があります。特に追徴課税の報道が流れると、(特に海外においては)大きく株価を下げる事態を招きかねません。

　また、いわゆる「パナマ文書」において、著名な政財界人の名前が散見され、その後、多くの著名人や企業が、税務対応の背景や経緯の説明に多くの時間と労力を費やしたことは記憶に新しいところです。行きすぎた節税を理由に、経営トップへの批判や不買運動などが起こる可能性もあり、こうしたレピュテーショナルリスクの火種を未然に防止する観点からも、税務リスクを適切に管理する必要があります。

④　必要以上に税金を支払うリスク

　必要以上に税金を支払うリスクは、企業活動の効率性に関するリスクです。このリスクはしっかりとしたタックスプランニングなどを行うことにより、税額を適正にすることが可能になります。しかし、本章3節でBEPS（税源侵食と利益移転）などへの対応を契機に、各社のクロスボーダー取引に関しては今まで以上の情報が当局とシェアされることから税

104

務調査が助長され、さらに重要なリスクとなる懸念も十分に考えられます。こうしたリスクを未然に低減する観点から、自社グループ内の取引やその価格の妥当性を十分に把握・文書化し、透明性の高い説明をできる体制をとっておくことがリスクを顕在化させないポイントになります。

3．ROE の向上施策としての税務リスクマネジメント

　前節で述べたとおり、近年、企業の評価指標として ROE（自己資本利益率）が注目されています。従来より ROI（投資利益率）や ROIC（投下資本利益率）、EBITDA（利払い・税金・償却前利益）など、様々な指標で経営の評価がなされてきました。

　2014 年 8 月に経済産業省から公表された、いわゆる伊藤レポート（「持続的成長への競争力とインセンティブ〜企業と投資家の望ましい関係構築〜」）の中で、ROE などの資本効率を意識した企業価値経営が重要であり、企業レベルでの競争力を強化し、その収益力（稼ぐ力）を高めていくことが急務である旨が論じられていることから、ROE が改めてクローズアップされてきています。

　ROE を求める分母は株主資本ですが、分子である当期利益（リターン）には、一般的には税引後利益が用いられます。そのため、利害関係者から期待される ROE を達成する上で、グローバルレベルで税金を適切に管理すること、すなわち、リターンを最大化するために税務コストを最適化することこそが、税務ガバナンスにとって非常に大きな動機の 1 つであり目標にもなります。

　持続的に稼ぐ力を高めることは伊藤レポートの提言の 1 つでもありますが、そのためには、グローバルレベルで ROE を意識した経営を行うことが有効であり、税務コストを管理可能なコストの一部として、他の一般経費と同様に考える時代がきています。

105

第 5 章　グローバル税務リスクマネジメント

4．CSR の一環としての税務リスクマネジメント

　前項では、税務リスクマネジメントの目標の 1 つがリターンを最大化するために税務コストを「最適化」することであると述べましたが、これは行きすぎた節税による税務コストの「最小化」ではないことに注意が必要です。

　日本企業が世界各地で事業を行うにあたっては、進出した先の地域コミュニティにいかに溶け込み、その土地で雇用を生み出し、応分の税金を払うことによって道路や学校、病院が建設され、コミュニティの一員として定着していけるかも重要な経営課題となります。そのため、企業としての税務行動規範を定めた上で、その地域コミュニティの経済発展に貢献していくことが中長期的な企業価値創造につながるという経営判断を行うこともあり得ます。

　企業の社会的責任（CSR）を考慮しつつ、税務コストの最小化ではなく最適化をはかるためには、企業としての税務ポリシーの明確化、グループ全体の税金の支払額および税務リスクの把握、モニタリング、改善などを含む税務ガバナンスの構築が必要であると考えられます[*2]。

5．国（当局）の期待に応える税務リスクマネジメント

[1]　日本における税務に関するコーポレート・ガバナンス

　2016 年 7 月に、国税庁調査課より「税務に関するコーポレートガバナンスの充実に向けた取組みについて」という文書が公表されました[*3]。

　この文書では、「大企業の経済活動は、わが国の経済に占めるウェイト

---

*2　企業のサステナビリティを評価する RobecoSAM の「コーポレートサステナビリティ評価」では、税務戦略がディスクロジャーに関する質問票に含まれています。

*3　https://www.nta.go.jp/tetsuzuki/shinkoku/hojin/sanko/pdf/160701_01.pdf

が大きく、申告所得金額も多額である」ことを背景として「大企業の税務コンプライアンスの維持・向上には、トップマネジメントの積極的な関与・指導の下、大企業が自ら税務に関するコーポレートガバナンスを充実させていくことが重要、かつ、効果的である」としています。

特に「税務に関するコーポレートガバナンス」の定義として、「税務についてトップマネジメントが自ら適正申告の確保に積極的に関与し、必要な内部統制を整備すること」としており、OECD の税務長官会議における議論を背景として、「税務当局の国際的な会議等において、税務に関するコーポレートガバナンスの充実が大企業の税務コンプライアンスの向上に重要との指摘」は国際的な潮流であることが明記されています。

[2]　実務への影響

具体的な手続として、まず企業は、国税調査の一環として「税務に関するコーポレートガバナンス確認表」を記載して当局に提出するとともに、調査官によるトップマネジメントへのインタビューに臨みます。その結果、「税務に関するコーポレートガバナンスの状況が良好であり、調査結果に大口・悪質な是正事項がなく、調査必要度が低いと判断された企業については、調査省略時に一般に国税当局と見解の相違が生じやすい取引を自主的に開示し、当局がその適正処理を確認することを条件に、次回調査までの調査間隔を 1 年延長」するなどの措置がとられることとされています。

税務に関するコーポレートガバナンスが不十分であれば、事業部や支店、工場など組織の第一線で不適切な経理処理が生じるリスクが高まります。このようなことから、税務に関するコーポレートガバナンスの充実は、企業・国税当局の双方にメリットがあるものとされています。すなわち、企業にとっては、税務ガバナンスの強化を通じて不適切な経理処理の可能性を最小化し、税務リスクの軽減と税務調査対応の負担軽減

107

第 5 章　グローバル税務リスクマネジメント

をはかるメリットがあります（税務調査のインターバルが伸びることは、税務調査対応コストを下げるという点でインセンティブとなる）。また、国税当局にとっては、調査の必要度が高い企業への税務調査を重点化できるメリットがあるものと考えられます。

第3節

税務リスクにいかに向き合うか
―ローカル税務、移転価格、BEPS への対応

1. グローバル税務リスクへの対応

実務面からみると、グローバル税務リスクには、どのように向き合えばいいのでしょうか。本節では、税務リスクの実態を次の3つのステージに整理して説明します。

① 各国におけるローカル税務対応

② クロスボーダー取引に関する移転価格問題への対応

③ 多国間での BEPS（税源浸食と利益移転）への対応

2. 各国におけるローカル税務への対応

まず、グローバルビジネスの成長と足並みをそろえて重要になるのが、各国における税務関連の規制への対応があります。各国の税制は、課税対象・税目（法人所得税、個人所得税など）や徴税主体（国税、地方税など）、課税方法（賦課方式と自己申告方式など）、納税のタイミング（年次、四半期、月次など）など、様々な違いがあります。

また、国によっては、現地語による最新税制の公布・施行が先行したり、非英語圏の国においては正確に英訳された情報が適時に取得できない場合もあります。特に新興国において、独自の課税根拠に基づく税務執行が行われ、不透明な課税を受けるケースが多く発生しています。加えて

第 5 章　グローバル税務リスクマネジメント

税務訴訟に対する考え方・風土も日本とは異なるケースが多々あります。

　グローバル税務リスクマネジメントの強化にあたっては、まず、このような基礎的な制度・規制の違いを適切に認識し、対応できる状況になっていること、そしてその状況を地域統括会社や本社が適切に把握しておくことが、はじめの一歩となります。

3．クロスボーダー取引に関する移転価格問題への対応

　各国における税務関連の規制への対応の次に重要な課題が、移転価格問題への対応です。一般的には、移転価格問題とは、税負担の軽減を目的として、親会社と海外子会社、または関連会社同士のクロスボーダー取引に適用する販売価格を操作することを通じて、税率の低い国にあるグループ企業に所得を集中させたりすることを意味します。

　各国政府は自国の税収確保を目的として、この移転価格に対してそれぞれ独自の主張・方法をもとに様々な調査を通じて更正・追徴課税を行ってきました。移転価格調査は、通常 1 ～ 2 年という長期にわたり、その対応には大変な手間と費用がかかり、企業経営にとっては大きな負担となっています。また、調査により更正された場合、国内法救済手段あるいは二重課税排除のための相互協議手続は多国籍企業に多大な労力を強いるばかりでなく、場合によっては二重課税が排除されないこともあります。

　こうした状況に企業が対処していくためには、過年度の移転価格に対するリスク分析だけでなく、移転価格ポリシーの構築、場合によっては将来の移転価格課税リスクを未然に防止する事前確認制度を活用することが有効な対策となります。通常の商取引はもとより、新規の海外進出や開発・製造・販売拠点の変更、さらには M&A などを通じたビジネスモデルの変更にあたっては、こうした移転価格問題に全社的に取り組んでいくことが、重要な税務リスクマネジメントの手段になります。

第3節 税務リスクにいかに向き合うか

4. 多国間でのBEPSへの対応

[1] BEPSとは

　移転価格への対応をより踏み込んで議論しているのがBEPSです。これは近年の欧米多国籍企業による行きすぎた租税回避のことで、グローバル企業が各国の税制の不備や不整合を突き、グループ会社間における国際取引によってもたらされた所得を、高税率の国から低税率の国に移転させることで、納税額を最小限に抑えていたことに対する国際的な対応といえます。

　例えば、報道によれば、あるグローバル小売り事業者は、ある国において非常に大きな売上があるにもかかわらず、それに比して非常に少額な税金しか納付していなかったことが発覚し、同国の政治家や消費者から、意図的な租税回避として強く批判されました。この後も同様のケースが続き、多国籍企業における「行きすぎた節税」が大きな国際問題の1つとなっています。

　このような問題に対応するため、2012年6月に経済協力開発機構（OECD）が旗振り役となり、各国の国内法だけでなく国際課税原則を見直し、また、各国が国際的に協調した行動をとるために「BEPSプロジェクト」を立ち上げました。そして国際的な議論を経て、2013年7月に15項目の「BEPS行動計画」（Action Plan）を策定しました。参考までに、**図表5-3-1**に、経済産業省が2015年3月に発行した報告書「BEPSを踏まえた移転価格文書化対応及び海外子会社管理の在り方について」から抜粋した行動計画15項目を掲載します。

111

第 5 章　グローバル税務リスクマネジメント

図表 5-3-1　経済産業省 2014 年調査報告書　BEPS 行動計画の内訳

行動計画	概要	報告書等公表期限
1	**電子商取引課税** ・電子商取引により、他国から遠隔で販売、サービス提供等の経済活動ができることに鑑みて、電子商取引に対する直接税・間接税のあり方を検討する報告書を作成。	2014 年 9 月
2	**ハイブリッド・ミスマッチ取決めの効果否認** ・ハイブリッド・ミスマッチ取引とは、二国間での取扱い（例えば法人か組合か）が異なることを利用して、両国の課税を免れる取引。ハイブリッド・ミスマッチ取引の効果を否認するモデル租税条約及び国内法の規定を策定する。	2014 年 9 月
3	**外国子会社合算税制の強化** ・外国子会社合算税制（一定以下の課税しか受けていない外国子会社への利益移転を防ぐため、外国子会社の利益を親会社の利益に合算）に関して、各国が最低限導入すべき国内法の基準について勧告を策定する。	2015 年 9 月
4	**利子等の損金算入を通じた税源浸食の制限** ・支払利子等の損金算入を制限する措置の設計に関して、各国が最低限導入すべき国内法の基準について勧告を策定する。 ・また、親子会社間等の金融取引に関する移転価格ガイドラインを策定する。	2015 年 9 月 2015 年 12 月
5	**有害税制への対抗** OECD の定義する「有害税制」について ①　現在の枠組みを十分に活かして（透明性や実質的活動等に焦点）、加盟国の優遇税制を審査する。 ②　現在の枠組みに基づき OECD 非加盟国を関与させる。 ③　現在の枠組みの改定・追加を検討。	2014 年 9 月 2015 年 9 月 2015 年 12 月
6	**租税条約濫用の防止** ・条約締約国でない第三国の個人・法人等が不当に租税条約の特典を享受する濫用を防止するためのモデル条約規定及び国内法に関する勧告を策定する。	2014 年 9 月
7	**恒久的施設（PE）認定の人為的回避の防止** ・人為的に恒久的施設の認定を免れることを防止するために、租税条約の恒久的施設の定義を変更する。	2015 年 9 月

112

第3節 税務リスクにいかに向き合うか

8	移転価格税制（①無形資産） ・親子会社間等で、特許等の無形資産を移転することで生じるBEPSを防止する国内法に関する移転価格ガイドラインを策定する。 ・また、価格付けが困難な無形資産の移転に関する特別ルールを策定する。	2014年9月 2015年9月
9	移転価格税制（②リスクと資本） ・親子会社間等のリスクの移転又は資本の過剰な配分によるBEPSを防止する国内法に関する移転価格ガイドラインを策定する。	2015年9月
10	移転価格税制（③他の租税回避の可能性が高い取引） ・非関連者との間では非常に稀にしか発生しない取引や管理報酬の支払いを関与させることで生じるBEPSを防止する国内法に関する移転価格ガイドラインを策定する。	2015年9月
11	BEPSの規模や経済的効果の指標を政府からOECDに集約し、分析する方法を策定する	2015年9月
12	タックス・プランニングの報告義務 ・タックス・プランニングを政府に報告する国内法上の義務規定に関する勧告を策定する。	2015年9月
13	移転価格関連の文書化の再検討 ・移転価格税制の文書化に関する規定を策定する。多国籍企業に対し、国毎の所得、経済活動、納税額の配分に関する情報を、共通様式に従って各国政府に報告させる。	2014年9月 （2015年2月に追加報告書を公表）
14	相互協議の効果的実施 ・国際税務の紛争を国家間の相互協議や仲裁により効果的に解決する方法を策定する。	2015年9月
15	多国間協定の開発 ・BEPS対策措置を効率的に実現させるための多国間協定の開発に関する国際法の課題を分析する。 ・その後、多国間協定案を開発する	2014年9月 2015年12月

出所：経産省貿易経済協力局貿易振興課「BEPSを踏まえた移転価格文書化対応及び海外子会社管理の在り方について」（2015年3月）[4]

---

[4] http://www.meti.go.jp/policy/external_economy/toshi/kokusaisozei/beps/
PDF/2014report_summary.pdf

第 5 章　グローバル税務リスクマネジメント

[2]　BEPS への対応

　日本の多くのグローバル企業は、現在、この BEPS の行動指針への対応の途上にあります。特に行動計画 13 を中心とする各項目への対応には十分な準備が必要となっています。ある意味、企業活動の根幹に関わるような、営業収益の重要なドライバーやグループ内の価格決定に関する移転価格ポリシーの作成、資金調達方法の概要などの情報開示への対応など、企業経営者にはクロスボーダー取引に関して多くの透明性の高い開示と説明が求められています。

　BEPS プロジェクト参加国の経済規模は全世界の約 9 割を占めるともいわれており、国際課税ルールの事実上のグローバルスタンダードとなりつつあります。BEPS への取組みは、短期的に見れば事務コストをはじめとする業務コストの負担増にはなりますが、取組み次第では、グローバルレベルで税務ガバナンスや税務リスクマネジメントを飛躍的にステップアップさせるきっかけにもなります。BEPS への対応をある種の「外圧」として活用することで、グローバル税務ガバナンス・リスクマネジメントの高度化のスタートアップをきるよいチャンスともいえます。

114

第4節

グローバル税務ガバナンスを強化する内部監査への期待

1. 税務に関するリスクカルチャーを鍛え上げる

　事業部門やコーポレート部門が税務リスクマネジメントの高度化に挑戦する中で、内部監査部門としてはどのような貢献ができるのでしょうか。

　PwCではリスクマネジメント態勢の成熟度をリスクカルチャーと称して、①戦略、②組織構造、③人材、④プロセス、⑤テクノロジーの5つの評価軸を用いて評価しています。このフレームワークに照らし合わせると、経営者が税務に対するリスクカルチャーをどのように醸成しているか、内部監査部門としてその成熟度や脆弱性について監査を行うことが有効であると考えられます。

[1]　戦略についてのチェック項目（例示）

・事業戦略の策定において移転価格税制対応や税務リスクマネジメントが適切に考慮されているか。

・税務コストの適正化を含めた形で税務戦略は策定されているか。

・税引後利益と社内の主要業績評価指標は、適切に設定・集計・使用・連携されているか。

・税務行動規範、税務戦略の開示の検討等

115

第5章　グローバル税務リスクマネジメント

2　組織構造についてのチェック項目（例示）

・経営トップは、グローバル税務ガバナンスに関してどのようにリーダーシップを発揮しているか。

・取締役会・監査委員会等のガバナンス機関は、グローバル税務ガバナンスにどのように関与・監督しているか。

・本社は、グローバルな税務リスクマネジメント機能を設置し、税務戦略の立案とその実行の進捗を適切にモニタリングしているか　等

3　人材についてのチェック項目（例示）

・本社の管理部門は、自社グループのビジネスモデルや取引形態・取引量等を勘案し、そこから生じる各地域におけるローカル税務リスク、移転価格リスク、BEPS 対応のために必要な措置・対応等について正しく認識し、それに応じた適切な研修育成、スタッフ配属等を行っているか。

・海外グループ会社において、自社のビジネスモデルや取引形態・取引量等を勘案し、そこから生じるローカル税務リスク、移転価格リスク、BEPS 対応のために必要な措置・対応等について正しく認識し、それに応じた適切なスタッフが配置されているか。

・本社の管理部門において、税務リスクマネジメントの観点から、（英語圏および非英語圏に関する）適切な専門知識を持った外国人職員の雇用・配属や、海外子会社との人事交流・派遣等が適切に計画・実施されているか　等

4　プロセスについてのチェック項目（例示）

・税務リスクに関するリスクオーナーは明確になっているか。

・税務リスク管理規程（税務調査対応マニュアルを含む）は整備・運用されているか。

・税務リスクを低減する（不正・誤謬を適時に予防・発見するための）内部統制は適切に整備・運用されているか。

第4節　グローバル税務ガバナンスを強化する内部監査への期待

- ・税務リスクに対応した内部統制の有効性はどのように評価されているか。
- ・税務リスクに関する指揮命令および報告ルートは、適切に整備・運用されているか（海外子会社内コミュニケーション、地域統括会社とのコミュニケーション、本社とのコミュニケーション等）。
- ・税に関する当局や専門家への問い合わせプロセス（事前確認制度の活用等を含む）は、明確に整備・運用（記録）されているか。また、必要に応じて外部アドバイザーへのアウトソーシングは検討されているか。
- ・税務調査等への対応プロセスや、税務に関する異議申立てや提訴時のプロセスは適切に整備・運用されているか　等

5 テクノロジーについてのチェック項目（例示）

- ・税務リスク情報を集約化するために、ITは適切に活用されているか。[5]
- ・税務申告書等の作成にあたり、ITは適切に活用されているか[6]（IT統制の整備・運用評価を含む、以下同じ）。
- ・各国の税務ナレッジの共有・保存のために、ITは適切に活用されているか。

---

[5]　例えばPwCでは、日本本社におけるタイムリーな海外税務情報の集約と海外税務リスク管理のためのITシステムとして、TOM（Tax Operations Manager）という情報管理プラットフォームを提供しています。TOMを通じて、現地の確定申告の状況、税務調査および移転価格文書などの情報をタイムリーに取得し、一元的に管理できるため、本社の税務部門や事業部において、海外拠点の税務上の課題を効率的・効果的にマネジメントすることが可能となります。
　　https://www.pwc.com/jp/ja/advisory/services-consulting/business-applications/tax-operations-manager.html

[6]　例えば、ブラジルでは連邦国税局が中心となり、公的電子帳簿システム（SPED）が導入されており、企業活動の記帳と納税申告とがシステム上も密接な関係を有しています。

117

第5章　グローバル税務リスクマネジメント

・本社や地域統括会社による IT を活用した海外子会社の税務業務モニ
タリングは、適時・適切になされているか　等

2．オーストラリアにおける税務ガバナンスの取組み

ここでは PwC のリスクカルチャーフレームワークに照らした内部監査
の実務対応や、各国当局の取組みの一例としてオーストラリア当局の指
針の内部監査における活用方法を検討します。

オーストラリアは、税務に関するコーポレートガバナンスの推進にお
いて先進的な国の1つで、「Australian Tax Office」（以下「ATO」）は、
2015 年7月に「Tax Risk Management and Governance Review guide」（以
下「ガイド」）を公表しています。このガイドは、ATO が考えるよりよい
税務ガバナンスのあり方を示したもので、このガイドを用いて企業は次
の項目について取り組むことが期待されています。

① 企業が自社の税務ガバナンスおよび内部統制フレームワークを強
化すること

② ATO の示すベンチマークを用いて上記フレームワークの機能性に
対する監査を実施すること

③ ATO を含むステークホルダーに対して重要な内部統制の運用状況
をどのように開示するか理解すること

ガイドでは、いくつかのキーとなる項目ごとに、税務ガバナンスのた
めにどういった書類を準備し、何を記載すべきかについて詳細な説明が
あります。

ATO は、大企業を中心に企業の税務ガバナンスを評価し、ガバナンス
体制の強度によって税務調査等にかけるリソースを決定するとしており、
より調査必要度の高い企業にリソースを振り分けようとしています。また、
現 在 ATO は、「Tax Risk Management and Governance Self Assessment
Procedures」という指針を作成しており近日公表する予定ですが、これ

118

はガイドに基づいた企業の自主的な税務ガバナンスフレームワークの評価に利用されることが想定されています。

経営者や関連する事業部門・コーポレート部門が税務リスクに直接関連する内部統制をどのように整備・運用しているか、また、その有効性はどのようにモニタリングされ（社内外に）、開示されているかなど、ガバナンス体制を評価する上で、ATOが公表している指針はそのベンチマークとして内部監査において参考となると考えられます。

3．内部監査部門としての最初の一歩

これまで述べたように、グローバル税務リスクへの対応は、一部の社内税務専門の担当者に押し付けるだけで、それ以外の者は無関心でもよいと考える時代は終わりました。税金は聖域ではなく管理可能なコストです。グローバル税務ガバナンスおよび税務リスクマネジメントへの対応は、経理・財務・税務部門のみならず全社的に、経営トップや取締役会、監査役会、さらには内部監査部門等が積極的に向き合うべきテーマの1つです。

いつ、何から手を打つべきか。内部監査部門として今すぐに挑戦できる実務は多くあります。例えば、監査役や外部監査人との連携・意見交換の場において、グローバル税務ガバナンスを議論することも実務的なアクションの1つです。また、J-SOX対応のために活用している、全社統制のチェックリストや決算財務報告サイクルのリスクコントロールマトリクスを税務リスクマネジメントの視点から見直してみたり、海外内部監査の際に業務監査の目線で、現地の税務リスク対応を内部監査対象に加えることも有意義かもしれません。

さらには、テーマ監査の一項目として、新規事業参入や新規の海外進出、M&Aなどに際して、税務リスクがどのように把握され、議論され、その後にモニタリングされているかを確認することも重要なアクションの1

119

第 5 章　グローバル税務リスクマネジメント

つかもしれません。グローバル税務ガバナンスの強化への道のりの第一
歩は、具体的なアクションをとることからはじまります。

第6章

IT監査の高度化

本章の狙い

- 伝統的なシステム監査について理解する。
- システム開発プロジェクトに対する内部監査のポイントを理解する。
- クラウド環境に対する内部監査のポイントを理解する。
- サイバーセキュリティに係る内部監査の取り組みのポイントを理解する。

第 1 節

IT監査の重要性の再確認

1. システム監査の必要性

　ITがビジネスに不可欠といわれて久しいところですが、いわゆるシステム監査においては、次にあげる代表的なスタンダードを監査プログラムとするケースが多々あります。

■システム監査　スタンダード（例示）

・経済産業省「システム管理基準」/「システム監査基準」
・金融庁「金融検査マニュアル」
・金融情報システムセンター（FISC）「システム監査指針」/「安全対策基準」　等

　これらのスタンダードに基づいて、いわゆるシステムリスクへの対応状況に対して監査を実施することは、ビジネスリスクをしっかりとコントロールできているかという観点から重要です。

　すなわち、情報システム運営業務（企画・開発、保守、運用、および安全対策）には、**図表6-1-1**のようなシステムリスクに対応するための統制が組み込まれており、情報システム部門や関連部門によって、一定レベルの対策が実施されていると考えられます。監査を実施する意義として、内部・外部監査人などの独立した第三者としての立場からこれらの対策を検証し、その有効性を評価することによって、客観的な評価を得られ

122

第1節　IT監査の重要性の再確認

図表 6-1-1　システムリスクと統制

統制目的	リスク	統制
安全性、信頼性	個人情報や財務データ等の重要データの情報漏洩/紛失/棄損、外部からの攻撃、災害（天災、人災）等によるシステムダウン	コントロール ・予防的 ・発見的 ・訂正的
有効性、効率性	経営戦略との不整合、IT の陳腐化、業務要件への対応不備、IT 要員の能力、IT 関連業務の外部委託	
遵守性	情報システムの不正利用、虚偽の財務情報開示、金融商品取引法（J-SOX）への対応	

作成：PwC

るだけではなく、情報システム部門や関連部門では気づかなかった潜在的な問題点の識別が可能となります。

　よって、システムリスクの顕在化事例として捉えられるシステム障害の再発防止策に対するテーマ監査などは、依然、重要な監査だといえます。

　また、このスタンダードは、システムリスクへの対応として、一般的に期待される事項が取りまとめられており、このようなスタンダードを活用して問題点を識別することは、自社のシステムリスクに対する管理状況が、社会通念上妥当か否かを検証することにもつながります。

2．ビジネス環境の変化に応じたシステム監査の必要性

　一方で、前述したスタンダードが何度も改訂されている背景としては、企業のビジネスの変化とともにシステムリスクも変化しています。また、このようなスタンダードの改訂を待たなくても、監査対応が必要となるのも事実です。すなわち、IoT や AI といったキーワードがメディアなどでも散見されるようになり、システムリスクとして考慮しなければならない新たなリスク要因が登場してきている状況があります。

123

●　●　●　第 **2** 節

システム開発プロジェクト監査

1. システム開発プロジェクト監査の必要性

　本節では、システム開発プロジェクト監査という領域において、いわゆるシステム開発で採用しているテクノロジーの妥当性評価ではなく、開発プロジェクトの管理体制に対する有効性評価に着眼した監査について、述べていきます。

　システム開発プロジェクトは、いわゆる「基幹システム」と呼ばれ、通常、その開発には巨額の投資と長期間の開発を要し、その成否は経営課題であるともいえます。そのため、**図表 6-2-1** のように、利害関係者はシステム開発プロジェクトに対して不安や疑念を持つようになり、また、プロジェクトを推進する体制内でも同様の懸念が生じます。

　よって、各利害関係者の不安や疑念を解消するためには、プロジェクトの状況に対して真実の報告が求められますが、**図表 6-2-2** のように、真実ではない報告が実施されるリスクが存在しています。またシステム開発プロジェクトが重要であればあるほど、そのプレッシャーから、真実ではない報告がなされるインセンティブが高まるのが通例です。

　このように、システム開発プロジェクトにおいては、プロジェクトの成否に対しては、内外における利害関係が想定されるため、プロジェクトの第三者が監査を実施する意義があります。

124

第 2 節　システム開発プロジェクト監査

図表 6-2-1　システム開発プロジェクトにおける利害関係者

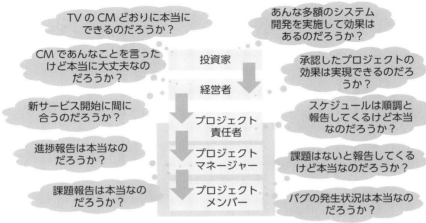

作成：PwC

図表 6-2-2　システム開発プロジェクトにおける真実ではない報告のリスク例

管理対象	リスク	リスクの顕在化
① 品質	十分な品質が確保されずにプロジェクトが進んでいるリスク	本番稼働後の障害
② 予算	予算がオーバーしているのに報告されないリスク	プロジェクトの中断
③ スケジュール	スケジュールが遅れているのに報告されないリスク	本番稼働の延期
④ 課題	品質、予算、スケジュールといったシステム開発プロジェクトで確保しなくてはならない事項に関わる課題が報告されないリスク	上記①から③のリスク顕在化の原因

作成：PwC

2．システム開発プロジェクト監査の効果

　このようなことから、システム開発プロジェクトには、プロジェクト

第6章　IT監査の高度化

の状況の真実を報告する義務があるのは前述のとおりです。

　このような状況に対して、システム開発プロジェクト監査を実施するということは、プロジェクトが報告している内容に対する確実性を担保することが求められます。この点をより詳細化すると、システム開発プロジェクト監査は、プロジェクトに直接関わらない第三者が評価することから、次のような効果が想定されるのが通例です。

■システム開発プロジェクト監査の効果（例示）

・客観的なプロジェクトの状況を把握することができる。
・プロジェクトの内外の疑念から解放される。
・評価した結果、改善事項が検出された場合には、報告内容の信頼性向上に対する改善、そのための予算管理、品質管理、進捗管理、課題管理、およびプロジェクトリスク管理というプロジェクト管理の高度化が図られるなどの効果が期待できる。

　以上のことから、システム開発プロジェクト監査は、誤った情報に基づいてプロジェクトに対する意思決定を行うリスクを低下させるという効果があります。それでは、このような効果を生むシステム開発プロジェクト監査は、どのように実施すればよいのか、何に対して監査として評価すべきかが重要となります。

　そこで、上記の効果を発揮するためには、プロジェクト内に構築されている統制に対して評価を実施していくことになります。

3．システム開発プロジェクト監査手続の作成

　プロジェクト内に構築すべき統制にはいくつかの方法がありますが、PwCの方法論によると、**図表6-2-3**のような統制をプロジェクト内に構築する必要があるとしています。

　このようなプロジェクト統制が有効か否かを評価していく監査手続を

126

第2節　システム開発プロジェクト監査

作成してくことが、システム開発プロジェクト監査の効果を実現するために必要となります。

　すなわち、プロジェクト監査を実施する場合には、いわゆる内部統制評価と同様に、開発プロジェクト内のキーコントロールに対する整備状況、運用状況に対する手続を作成します。

　そのためには**図表6-2-4**のように、各開発工程における統制内容、想定リスクを明らかにして評価の観点を抽出することが、リスクに対する有効な手続を作成する観点から重要です。

　評価の観点を抽出できれば、観点に基づいて該当するエビデンスを想定した具体的な監査手続を作成していきます。

　このように、システム開発プロジェクトの各工程における品質、予算、スケジュール、課題管理におけるプロジェクト統制、想定リスク、評価の観点を明らかにすることで、有効なシステム開発プロジェクト監査が実現できます。

127

第 6 章　IT 監査の高度化

図表 6-2-3　プロジェクト統制

	ライフサイクル	定義	整備
プロジェクト面の成果	機能面の適応性	ビジネス上の要求事項	プロセスのデザイン
	技術面の適応性	技術上の要求事項	ソフトウェア・ハードウェアのデザイン
	組織面の適応性	組織変化についての調査	組織のデザイン
	テストについての考慮	テスト戦略	テスト計画
	導入時の考慮		導入についての要求事項
統制面の成果	ビジネスプロセス	ビジネスプロセスの統制についての要求事項	ビジネスプロセスに関わる統制のデザイン
	ITGC	ITGC 統制についての要求事項	ITGC 統制のデザイン
	データ品質	データについての要求事項	データマッピング
	インターフェース	インターフェースについての要求事項	インターフェースのデザイン
ビジネス面の成果	ビジネスケース	承認されたビジネスケース	デザイン面でのビジネスケースの検証
	利益の実現	計測・数量化についての考慮事項	計測・数量化基準の定義
	利益の担当	担当者の定義	担当者の確定

作成：PwC

128

第2節　システム開発プロジェクト監査

プロジェクト統制			
プロジェクトの管理手続			
デリバリー		プロダクション	
構築とテスト	提供	導入サポート	保守
単体・統合テスト	プロセスのカットオーバー	プロセスの検証・問題発生時の処置の更新	プロセスの保守
パフォーマンステスト	ハードウェアのカットオーバー	パフォーマンス上の要求事項	技術上の更新・保守
ユーザー受け入れテストおよびトレーニング	トレーニングの実施	ユーザーサポート	継続的なユーザーサポートとトレーニング
テストスクリプトとテスト結果	ユーザーの検証		
カットオーバーの計画	カットオーバーの結果		
統制のテスト	統制の移行	移行のサポート・問題発生時の処置	プロセスのモニタリングと保守
品質保証環境のテスト	本番環境	一時的なIT移行のサポート	ITのモニタリングと保守
データ変換テスト	データ変換の検証	データ移行サポート	データのモニタリングと保守
インターフェースのテスト	インターフェース検証	インターフェースの移行サポート	インターフェースのモニタリングと保守
構築面でのビジネスケースの検証	移行面でのビジネスケースの検証		
計測・数量化基準の検証	導入された管理手続の計測	予備的な計測値の収集	継続的な計測値のモニタリング
担当者のトレーニング	検証された計測・数量化基準	担当の説明責任	担当者の説明責任

129

第 6 章　IT 監査の高度化

図表 6-2-4　プロジェクト監査の評価の観点 （例示）

開発工程	プロジェクト統制	想定リスク（例）	評価の視点（例）
要件定義	①ユーザー部門の適切な関与　ユーザー要件について漏れのないようにするため、要件定義書やシステム設計書のユーザーインタフェース仕様等について、ユーザー側の責任者の承認を得る手続を明確にし、遵守しているか。	要件定義プロセスにおいてユーザー部門の関与が十分でなく、必要な機能が組み込まれない、要件漏れへの対応のため、開発やテスト工程において手戻り等が発生するリスク。	要件定義プロセスにおいて、ユーザー側の責任者の承認プロセスが明確になっているか。
	②セキュリティ要件の明確化　セキュリティポリシー*に基づいて、組織として必要な機能に係る要件を組み込んでいるか。また、ユーザー要件としてのセキュリティ機能を充足しているか。 ＊セキュリティポリシーは、平成27年4月21日に公表された監督指針等の改正内容を踏まえているか。 ③安全性確保やソフトウェアの品質確保　ユーザー要件に基づいて、次のような目標を設定しているか。 ・信頼性、機能、性能、操作性、拡張性、保守性　等	・セキュリティ要件や性能に係る要件が設定されていないことから、実際の運用において、システムの信頼性が確保されない、もしくはユーザーが想定した操作性や性能が実現されないリスク。 ・改正監督指針等への対応が不十分なことにより当局の入検時、もしくはオフサイトモニタリングにおいて指摘を受けるリスク。	・セキュリティポリシーは明確になっているか（改正監督指針等に基づいて、セキュリティ管理体制の見直しは行われているか）。 ・セキュリティ要件が検討されているか ・性能等の非機能要件についても検討されているか。
外部設計	①工程のプロセスの明確化　設計の各工程ごとに行うべき作業（設計、ドキュメント、レビュー）の内容、手順は明確になっているか。 ②外部委託先の品質管理　設計工程を外部に委託している場合は、納品物の品質管理等に係るプロセスは明確になっているか。	設計工程におけるプロセスが明確になっていないことから、ドキュメントについて一定の品質が確保できないリスク。	ドキュメント作成手順、レビュープロセス等は文書化され、プロジェクト内に周知、徹底されているか。
		外部委託先からの納品物のチェックが十分に実施されず、品質が不十分な成果物が納品されるリスク。	納品物に係るチェックのプロセスが明確になっており、プロジェクト内に周知、徹底されているか。

作成：PwC

第3節

クラウド環境に係る内部監査のポイント

1. クラウドサービスとは

　近年、クラウドコンピューティング（以下「クラウド」）という用語が、活用企業の増加を背景に一般的になってきました。クラウドについては、経済産業省より 2013 年 11 月に次のような定義が公表されています。

　　「クラウド・コンピューティングとは、ネットワークから提供される情報処理サービスで、ネットワークとの接続環境さえあれば、ネットワークに接続している特定のコンピュータや通信ネットワークなどの情報処理基盤を意識することなく、情報通信技術の便益やアプリケーションを享受可能にするものをいう」[1]

　この経済産業省の定義は技術的な面が中心となっていますが、クラウドサービスは他にも様々な特徴を有しています。例えば、米国国立標準技術研究所（NIST）では、次の5点をクラウドサービスの特徴としています（従来型とクラウドによるシステム利用の違いは**図表 6-3-1** 参照）。

　① 必要に応じて人手を介さず提供されるサービスであること
　② 様々なデバイスでアクセスができること
　③ 複数の組織でリソースの共用ができること

---

[1]　経済産業省「平成 24 年度我が国情報経済社会における基盤整備」2013 年 11 月

第 6 章　IT 監査の高度化

④　使用するシステムリソースが柔軟に拡張できること
⑤　サービスが従量課金可能であること

また、欧州ネットワーク情報セキュリティ庁（ENISA）では、次の 6 点をクラウドサービスの特徴としています。

①　高度に抽象化されたリソース
②　スピーディな拡張性とフレキシビリティ
③　迅速なサービス提供
④　リソースの共有（ハードウェア、データベース、メモリ等）
⑤　多くの場合、サービスオンデマンドかつ利用料に応じた支払い
⑥　計画的な管理

図表 6-3-1　従来型とクラウドによるシステム利用の違い

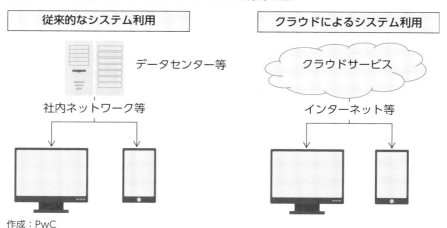

作成：PwC

第3節　クラウド環境に係る内部監査のポイント

2．サービス形態から見るクラウドサービスの特徴

　前述した内容の詳細な説明は省略しますが、クラウドサービスには必要となるリソースを短期間で調達し、低価格でシェアするというサービスモデルの考え方が根底にあります。それでは、クラウド事業者はどのようにサービスを提供しているのでしょうか。一般的にクラウドのサービスの形態は次の3点です。

① Software as a Services（SaaS　読み：「サース」）

　インターネットなどのネットワークを通じて、必要アプリケーションの機能を提供するサービスです。SaaSの利用者は、アプリケーションやデータが「どこにあるか」を気にすることなく利用することができます。またSaaSは、ASP（Application Service Provider）の発展的な形態と考えることもできます。

② Platform as a Services（PaaS　読み：「パース」）

　データベースやWebサーバーのソフトウェアなど、アプリケーションを稼働させるためのミドルウェアを含めたプラットフォームを、インターネットなどを通じて提供するサービスです。提供されるプラットフォームは仮想化技術（サーバーなどのハードウェアリソース（CPU、メモリ、HDD）を、物理的な構成にとらわれずに論理的に統合や分割することができる技術）により利用者に割り当てられるため、従来の物理サーバーを利用した場合と比べて、想定外のデータ処理増にも柔軟に対応することができます。

③ Infrastructure as a Services（IaaS　読み：「イアース」）

　CPU、メモリ、ストレージなどのハードウェア基盤をインターネットなどを通じて提供するサービスです。利用者はシステムを稼働させるために必要となるOS（Operating System）やミドルウェアを個別に導入します。レンタルサーバーの利用と同等に見えますが、PaaSと同様に必要

133

第 6 章　IT 監査の高度化

なシステムリソースを仮想化技術により、利用者が必要なときに必要な
分だけ提供できることが特徴といえます。

　クラウドサービスの分類は、誰がシステムリソースやサービスを提供・
用意し、管理を実施するかによる分類になります。

　SaaS は、すべてのシステムリソースの運用管理をクラウド事業者に任
せることができます。

　PaaS は、ミドルウェアからデータベース、OS、ハードウェアまでの運
用管理をクラウド事業者に任せることができます。

　IaaS では、ハードウェアの運用管理をクラウド事業者に任せ、OS から
アプリケーションまでがユーザーの運用管理の範囲になります。ユーザー
管理をする範囲が多ければコストと運用負荷が上がり、サービスを利用
すればコストと運用負荷が下がります。

図表 6-3-2　クラウドサービスの種類による違い

SaaS	PaaS	IaaS	オンプレミス
← コスト／運用負荷が低い		コスト／運用負荷が高い →	
アプリケーション	アプリケーション	アプリケーション	アプリケーション
データ	データ	データ	データ
ミドルウェア	ミドルウェア	ミドルウェア	ミドルウェア
データベース	データベース	データベース	データベース
OS	OS	OS	OS
仮想マシン	仮想マシン	仮想マシン	仮想マシン
物理サーバー	物理サーバー	物理サーバー	物理サーバー
ストレージ	ストレージ	ストレージ	ストレージ
ネットワーク	ネットワーク	ネットワーク	ネットワーク

クラウド事業者管理　　ユーザー管理

作成：PwC

第3節　クラウド環境に係る内部監査のポイント

　クラウドサービスは**図表 6-3-2** のような提供形態だけでなく、その実装形態としてプライベートクラウド、パブリッククラウド、コミュニティクラウド、ハイブリッドクラウドによっても分類することができます（**図表 6-3-3** 参照）。

図表 6-3-3　クラウドサービスの実装形態

プライベートクラウド（Private cloud）	パブリッククラウド（Public cloud）
クラウドのインフラストラクチャは、複数の利用者（例：事業組織）からなる単一の組織の専用使用のために提供される。その所有、管理、および運用は、その組織、第三者、もしくはそれらの組み合わせにより行われ、存在場所としてはその組織の施設内または外部となる。	クラウドのインフラストラクチャは広く一般の自由な利用に向けて提供される。その所有、管理、および運用は、企業組織、学術機関または政府機関、もしくはそれらの組み合わせにより行われ、存在場所としてはそのクラウドプロバイダの施設内となる。
コミュニティクラウド（Community cloud）	ハイブリッドクラウド（Hybrid cloud）
クラウドのインフラストラクチャは共通の関心事（例えば、任務、セキュリティの必要性、ポリシー、法令遵守に関わる考慮事項）を持つ複数の組織からなる特定の利用者の共同体の専用使用のために提供される。その所有、管理、および運用は、共同体内の１つまたは複数の組織、第三者、もしくはそれらの組み合わせにより行われ、存在場所としてはその組織の施設内または外部となる。	クラウドのインフラストラクチャは２つ以上の異なるクラウドインフラストラクチャ（プライベート、コミュニティまたはパブリック）の組み合わせである。各クラウドは独立の存在であるが、標準化された、あるいは固有の技術で結合され、データとアプリケーションの移動可能性を実現している（例えば、クラウド間のロードバランスのためのクラウドバースト）。

作成：PwC

3．内部監査におけるクラウドサービス特有のリスクと問題

　ここまで説明してきた様々な特徴を有しているクラウドサービスですが、その特徴が結果的にクラウドサービス特有のリスクを生み出すこと

第6章　IT監査の高度化

になっています。

すなわち、ITを所有から利用へと変革するに際して、内部監査のスタンスも変更が必要となることを意味しています。

ここでは、そのクラウドサービス特有のリスクのうち、内部監査実施上のリスク[*2]と問題に焦点を絞り、どのような内容なのかを説明します。

① 監査権の設定

クラウド事業者と利用者の間で、監査権に関する合意が契約書などで定められていない場合があり、内部監査の実施自体が困難となるケースがあります。

② 技術情報の提供

クラウド事業者は不特定多数の企業にサービス提供しているケースが多く、独自の仮想化技術などを利用している場合には、その技術情報が社外秘となり、内部監査に必要な設定情報などが入手できないケースがあります。

③ サーバーの所在地・法規制

クラウド事業者のサーバーの設置場所が海外であるケースが多く、往査の実施が困難となるケースや、検討が必要となる法規制が国内のものと異なるケースがあります。

上述の内部監査実施のリスクと問題に対する1つの方法として、クラウド事業者が提示する第三者による評価結果を活用することも考えられます（詳しくは本節の「6. 内部監査における第三者保証レポートの活用」を参照）。

[*2] クラウドサービスのリスクの詳細については、PwCあらた監査法人 編『クラウド・リスク・マネジメント』（同文舘出版、2016年刊）を参照してください。

第3節　クラウド環境に係る内部監査のポイント

4. 内部監査部門による監査・モニタリング

　クラウド事業者に対する監査・モニタリングのポイントには次の2つがあります。

　① 契約締結時の要件が適切に遵守されているか。

　② クラウド利用企業自身のコントロールが有効に機能しているか、また継続的に運用されているか。

　そして、この2つのポイントに関して、内部監査部門が監査・モニタリングを適切に行うための留意点は次のようになります。

1　①に対する留意点

　・利用部門などが実施するモニタリングの実施内容（契約書（SLAなどを含む）で定められた項目が遵守されているか、クラウド事業者から定期的な報告を受けて、その内容を検証し、必要に応じて改善を求める一連の活動）および報告内容を検証すること。

　・必要に応じて契約書などの修正を利用部門に指示すること。

2　②に対する留意点

　・必要に応じてクラウド事業者に対し、インタビューの実施や関連資料の提示を求め、状況によってクラウド事業者を往査して検証すること。また、この結果と利用部門などのモニタリングの実施内容および報告内容を照合し、モニタリングが適切に行われているかを確認すること。

3　①と②の両方に対する留意点

　・監査・モニタリング内容および結果は文書化の上、経営陣に報告、また、結果に関しては利用部門などに報告し、必要に応じて改善を求めること。

　なお、上記のような監査・モニタリングを適切に実施するためには、担当者にも一定レベルのノウハウや知識・経験が求められます。そのた

137

第6章　IT監査の高度化

めには、関連する研修を継続的に受講することも有用です。

5．クラウドにおける第三者の各種評価・認証制度

　クラウド事業者においても様々なセキュリティリスク対策が講じられており、内部監査の実施においては、自社だけではなく、クラウド事業者側でどのような対策がとられているかを確認することが重要です。クラウド事業者によっては、その対策すべてが開示されているわけではありませんが、第三者による各種評価結果や認証制度を公開するクラウド事業者が増えています。

　このような評価・認証制度は、国際監査・保証基準審議会（IAASB）が公表した保証の基準に基づき日本会計士協会が主導するSOC報告書などの「第三者保証レポート」やプライバシーマークなどの認証制度があります。

　本節では、米国公認会計士協会において「第三者保証レポート」として整理されているSOC報告書（SOC1・2）に焦点を当てて説明していきます。このSOC報告書には、評価範囲・目的・内容に応じてSOC1からSOC3までの3タイプの報告書があります。

　図表6-3-4では、比較的活用が想定されるセキュリティ目的で発行されるSOC2報告書とSOC1報告書の特徴を対比して説明します。

6．内部監査における第三者保証レポートの活用

　本節の「3．内部監査におけるクラウドサービス特有のリスクと問題」で説明したとおり、クラウド事業者によっては、利用者による個別監査を受け入れないケースもあります。そのような場合、内部監査の手続においては、クラウド事業者内部のリスク管理に関する取組みが理解できる第三者保証レポートの活用が重要になります。

　図表6-3-4でSOC1・2の概要を説明していますが、内部監査において

第3節　クラウド環境に係る内部監査のポイント

図表 6-3-4　SOC1・2の特徴

	SOC1 報告書	SOC2 報告書
① 保証報告書の目的	財務報告に係る受託業務の内部統制に関する保証報告書。	受託業務のシステムリスク（セキュリティ、可用性、処理のインテグリティ、機密性、プライバシー）に関する保証報告書。
② 監査基準またはガイダンス	SSAE No.16 "Reporting on Controls at a Service Organizations" AICPA Guide "Applying SSAE No.16,Reporting on Controls at a Service Organizations"	AT101 "Attestation Engagements" AICPA Guide "Reporting on Controls at a Service Organizations Relevant to Security, Availability, Processing Integrity, Confidentiality or Privacy"
③ 報告書の内容	Type1（時点評価）：受託業務の内部統制のデザイン（整備状況）の適切性に関する報告書 Type2（期間評価）：受託業務の内部統制のデザイン（整備状況）の適切性および運用状況の有効性に関する報告書 　※Type2のみが監査人による内部統制のテスト手続およびテスト結果を含む	
④ 報告書の想定利用者	・受託会社の経営者 ・委託会社 ・委託会社の財務諸表監査人	・受託会社の経営者 ・以下の知識を持った特定の対象者（リスク管理部、システム企画部、内部監査部および規制当局等） ・提供されるサービスの特性・性質、委託会社へのシステムの影響、内部統制の限界、Trust サービスの規準
⑤ その他	財務諸表監査を目的として取得する場合は、原則 TYPE2 を取得する必要あり。	Trust サービスの規準に基づいた統制の構築・運用が必要であり、項目の絞り込みができないため、SOC1 と比較すると一般的には内部・外部評価工数がかかることが多い。

作成：PwC

第 6 章　IT 監査の高度化

当該レポートを活用するためには、その内容をどのように読むかという点が重要となります。**図表 6-3-5** は、クラウド事業者の管理態勢の評価などの手続において、第三者保証レポートを読み解く際に注意すべきポイントです。

図表 6-3-5　第三者保証レポート活用時の注意すべきポイント

確認の観点	注意すべきポイント
① コントロールの記述内容	クラウド事業者のコントロールは自社の要求レベルと合致するか。
② 評価対象範囲	評価対象範囲は内部監査の範囲を網羅しているか。 ※クラウド事業者との責任分界点に留意する。
③ 評価対象期間	評価対象期間は内部監査の対象期間と合致するか。
④ 評価手続	コントロールを評価する手続は適切かつ十分か。
⑤ 評価結果	評価結果に重大な不備が含まれていないか。
⑥ 評価主体	信用に足る監査人により発行されているか。

作成：PwC

　以上では第三者保証レポートの活用時における留意点を説明しましたが、これらの留意点は、クラウドベンダーが発行している、いわゆるホワイトペーパーにも当てはまる事項となります。

　ホワイトペーパーは、クラウドベンダーがオフィシャルな資料として公開しているものなので、質問表に対する回答などと同じ効果が期待できます。

　よって、IT の所有から利用に変革されることに伴い、有効な内部監査手続を検討する際には、自ら評価するという監査スタンスから、いかに「他者が実施した評価結果を信頼できる情報として活用していくか」というアプローチが重要になります。

140

第4節

サイバーセキュリティ、IoT に係る
内部監査のポイント

1. セキュリティを取り巻く環境の変化

　これまで多くの日本企業が、自社の情報資産の重要性に基づいて情報セキュリティ対策を採用してきました。しかし、サイバーリスクに関しては、社員や委託先などの内部関係者の脅威に加え、外部からのサイバー攻撃が日常化し、多くのインシデント事例や被害報告が示すように、金銭要求による利益の獲得のような明確な目的を持った攻撃が増え、巧妙かつ執拗な攻撃が増加する傾向にあります。

　また、最近はIoT に代表されるデジタルビジネスが、各産業においてサービスを促進しています。そのため、従来はインターネットに接続されるデバイスは、パソコンやモバイル端末などのコンピュータが中心でしたが、これからはスマートフォンはもちろんのこと、自動車、オフィス機器、産業機械、家庭用電化製品といった様々なモノやセンサーがインターネットにつながっていきます。

　デジタルビジネスの広がりと「ビジネスエコシステム」（**図表 6-4-1** 参照）というキーワードが多用されるようになっていることにみられるように、現在の企業活動の環境は、ビジネス上のつながりが複雑化し、企業の枠を超えて様々な業界や企業の連携が不可欠となり、グローバルレベルで相互に接続された企業が増加してきています。

第 6 章　IT 監査の高度化

図表 6-4-1　グローバル規模で複雑化するビジネスエコシステム

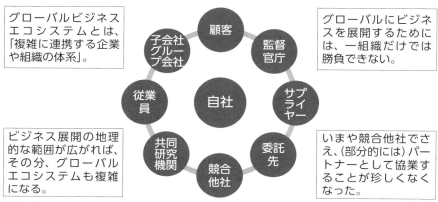

作成：PwC

　このようなビジネスエコシステムにおいては、自社におけるサイバーリスクへの対応だけではなく、ビジネスパートナーにおけるサイバーリスクへの対応も考慮しなければならない時代になったことを意味しています。

　つまり、ビジネス環境の変化および IT を取り巻く環境の変化だけではなく、セキュリティを取り巻く環境も同様に変化するので継続的な対策と見直しが求められます。

　PwC が実施している「グローバル情報セキュリティ調査（2016）」（The Global State of Information Security® Survey 2016）によると、大企業では 2014 年に増加した被害額が、2015 年には減少傾向になっているのに対して、中・小企業では横ばい、または増加傾向にあります。特に小企業では、過去 3 年において最高の被害額が認識されています（**図表 6-4-2** 参照）。

　この結果は、ビジネスエコシステムを前提とすると、大企業が直接の被害を受けなくとも、取引先や協業先が被害を受けることで、自社のビジネスへの影響が発生する可能性があることを意味しています。よって、

第4節　サイバーセキュリティ、IoTに係る内部監査のポイント

図表6-4-2　中小企業における被害額が増加

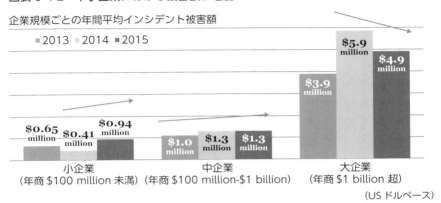

注：PwC「グローバル情報セキュリティ調査（2014〜2016年）」の調査結果をもとに作成

サイバーセキュリティリスクへの対応を検討する場合には、自社の対応状況のみを検討するのではなく、取引先や協業先におけるサイバーセキュリティリスクへの対応も認識することが必要となります。

2. IoT時代のサイバーセキュリティ

IoTビジネスにおいては、データそのものが非常に高い経済価値を持ちます。その高い経済価値のあるデータを安心して活用しビジネスを進めるためにも、セキュリティの確保は最も重要な対策の1つといえます。

IoT時代のサイバーセキュリティには、今までのセキュリティの考え方と大きく異なる点があります。それはビジネスエコシステムにおける企業間のデータの受け渡しが増えていく結果、1社が被害に遭うと連鎖的に被害が広がってしまうということです。現状では各社が独自に対策を練っていますが、企業間で情報共有し協力しながら対策を打っていく必要があります。

IoT機器・制御システムを標的としたサイバー攻撃を受けたと回答した

第 6 章　IT 監査の高度化

図表 6-4-3　IoT 機器・制御システムを狙った攻撃が激増

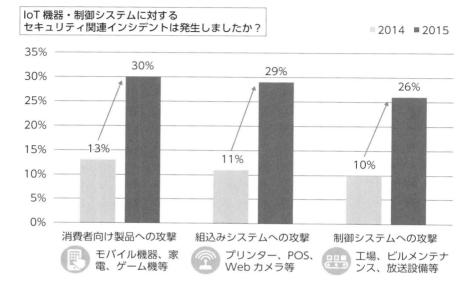

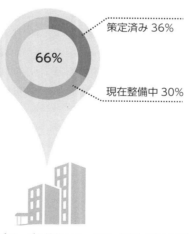

注：PwC「グローバル情報セキュリティ調査（2016 年）」の調査結果をもとに作成

第 4 節　サイバーセキュリティ、IoT に係る内部監査のポイント

企業は、2014 年から 2015 年の 1 年間でも激増しており、また、回答企業の 66％が、IoT に関するセキュリティ戦略を策定済み（36％）、現在整備中（30％）であると回答しています（**図表 6-4-3** 参照）。

　IoT の活用範囲の広がりに伴い、新しいテクノロジーを採用するということは、新しいサイバーリスクへの対応のはじまりになります。手口の巧妙化と相成って、創造性を持ったリスクマネジメントに基づく監査の実施が、サイバーセキュリティリスクへの対策を推進してく上で非常に重要です。

3．サイバーセキュリティリスクの開示に係る動向

　こうした環境の変化や攻撃の深化により、過去の常識に基づいた管理方法では効果的なセキュリティ対策を十分に行うことができなくなり、サイバーセキュリティリスクに対応することが難しくなりつつあります。

　そのため、経営戦略としてセキュリティ投資をどの程度行うかなど、経営者による判断の重要度が高まってきており、経営層の責任のもと、全社的な取組みとして推進することが常識となりつつあります（**図表 6-4-4** 参照）。

　このような背景のもと、2015 年に経済産業省から「サイバーセキュリティ経営ガイドライン」が公開されました（**図表 6-4-5** 参照）。このガイ

図表 6-4-4　セキュリティリスクを経営リスクととらえ推進するべき

	リーダーがいる企業の傾向	リーダーがいない企業の傾向
責任者	ビジネスの責任者 （CEO および役員）	IT 部門が主導して運営する
防衛体制	攻撃を想定した事前計画、 監視および迅速な対応	攻撃された際に受動的に対応
情報資産の保護	資産価値の高い情報を 優先し保護	総花的なアプローチ

作成：PwC

145

第 6 章　IT 監査の高度化

図表 6-4-5　「サイバーセキュリティ経営ガイドライン」の概要

サイバーセキュリティ経営の 3 原則
1　経営者は、IT 活用を推進する中で、サイバーセキュリティリスクを認識し、リーダーシップによって対策を進めることが必要
2　自社はもちろんのこと、系列企業やサプライチェーンのビジネスパートナー、IT システム管理の委託先を含めたセキュリティ対策が必要
3　平時および緊急時のいずれにおいても、サイバーセキュリティリスクや対策、対応に係る情報の開示等、関係者との適切なコミュニケーションが必要

サイバーセキュリティ経営の重要 10 項目	
1　リーダーシップの表明と体制の構築	①　サイバーセキュリティリスクの認識、組織全体での対応の策定 ②　サイバーセキュリティリスク管理体制の構築
2　サイバーセキュリティリスク管理の枠組み決定	③　サイバーセキュリティリスクの把握と実現するセキュリティレベルを踏まえた目標と計画の策定 ④　サイバーセキュリティ対策フレームワークの構築（PDCA）と対策の開示 ⑤　系列企業やサプライチェーンのビジネスパートナーを含めたサイバーセキュリティ対策の実施および状況把握
3　リスクを踏まえた攻撃を防ぐための事前対策	⑥　サイバーセキュリティ対策のための資源（予算、人材等）確保 ⑦　IT システム管理の外部委託範囲の特定と当該委託先のサイバーセキュリティ確保 ⑧　情報共有活動への参加を通じた攻撃情報の入手とその有効活用のための環境整備
4　サイバー攻撃を受けた場合に備えた準備	⑨　緊急時の対応体制（緊急連絡先や初動対応マニュアル、CSIRT）の整備、定期的かつ実践的な演習の実施 ⑩　被害発覚後の通知先や開示が必要な情報の把握、経営者による説明のための準備

注：経済産業省「サイバーセキュリティ経営ガイドライン（2015 年 12 月 28 日）」をもとに PwC 作成

第4節　サイバーセキュリティ、IoT に係る内部監査のポイント

ドラインでは、「サイバーセキュリティは経営問題」として、「セキュリティ投資に対するリターンの算出はほぼ不可能」であるため、「サイバー攻撃のリスクをどの程度受容するのか、セキュリティ投資をどこまでやるのか、経営者がリーダーシップをとって対策を推進しなければ、企業に影響を与えるリスクが見過ごされてしまう」とするなど、サイバーセキュリティ対策は経営層による積極的な推進がなければ行えないことが示されています。

　こうした流れを受けて、実際にサイバーセキュリティリスクを開示している企業の状況が調査されており、その結果が2015年3月に内閣サイバーセキュリティセンター（NISC）から「企業の情報セキュリティリスク開示に関する調査」として公開されています（**図表6-4-6** 参照）。

　調査対象とした企業は日経225社で、それ以外の企業についての実態まではわかりませんが、大きな傾向を知る上で貴重な調査結果であるといえます。

　この中で、2014年度の有価証券報告書の「事業等のリスク」にサイバーセキュリティリスクに関する開示項目があった企業が、日経225社中136社あり、2009年の116社から年々増加していることがわかります。

　また、業種別の開示率も示されており、業種によってはすでに100％の

図表 6-4-6　サイバーセキュリティリスク開示企業数の推移

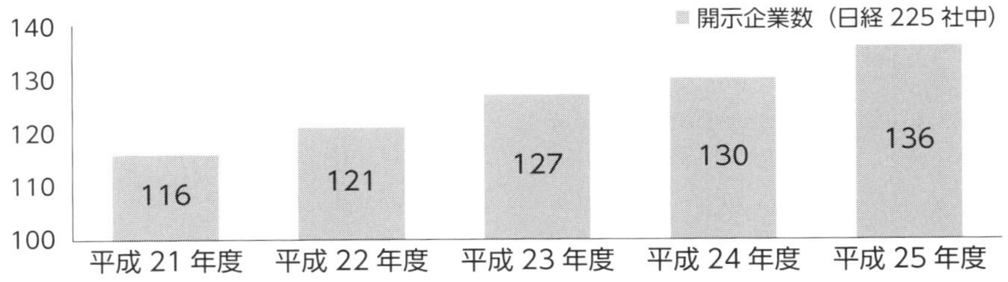

注：PwC「企業の情報セキュリティリスク開示に関する調査（2015 年 3 月　内閣サイバーセキュリティセンター）より作成」をもとに作成

147

第6章　IT監査の高度化

図表 6-4-7　業種別サイバーセキュリティ情報開示状況の分布

業種				情報開示企業数	中分野別開示率	大分野別開示率
大分野	社数	中分野	社数			
A. 技術	57	01 医薬品	8	2	25.0%	61.4%
		02 電気機器	29	20	69.0%	
		03 自動車	9	4	44.4%	
		04 精密機器	5	3	60.0%	
		05 通信	6	6	100.0%	
B. 金融	21	06 銀行	11	11	100.0%	100.0%
		07 その他金融	1	1	100.0%	
		08 証券	3	3	100.0%	
		09 保険	6	6	100.0%	
C. 消費	28	10 水産	2	1	50.0%	85.7%
		11 食品	11	10	90.9%	
		12 小売業	8	8	100.0%	
		13 サービス	7	5	71.4%	
D. 素材	64	14 鉱業	1	0	0.0%	32.8%
		15 繊維	5	0	0.0%	
		16 パルプ・紙	3	0	0.0%	
		17 科学	18	5	27.8%	
		18 石油	2	2	100.0%	
		19 ゴム	2	1	50.0%	
		20 窯業	9	3	33.3%	
		21 鉄鋼	5	0	0.0%	
		22 非鉄・金属	12	5	41.7%	
		23 商社	7	5	71.4%	
E. 資本財・その他	35	24 建設	8	4	50.0%	51.4%
		25 機械	16	8	50.0%	
		26 造船	2	2	100.0%	
		27 その他製造	3	3	100.0%	
		28 不動産	6	1	16.7%	
F. 運輸・公共	20	29 鉄道・バス	8	7	87.5%	85.0%
		30 陸運	2	2	100.0%	
		31 海運	3	1	33.3%	
		32 空運	1	1	100.0%	
		33 倉庫	1	1	100.0%	
		34 電力	3	3	100.0%	
		35 ガス	2	2	100.0%	
合計	225		225	136		

注：PwC「企業の情報セキュリティリスク開示に関する調査（2015年3月　内閣サイバーセキュリティセンター）より作成」をもとに作成

第 4 節　サイバーセキュリティ、IoT に係る内部監査のポイント

割合でサイバーセキュリティリスクの開示が行われている状況が見られます（**図表 6-4-7** 参照）。

　ここで取り上げた結果は一部でしかありませんが、積極的にサイバーセキュリティリスクを開示している企業が多数存在し、年々その割合が増えていることからも、利害関係者からの期待の増加と、それに対する企業の姿勢の変化を感じとることができます。

　このように、非財務情報の開示事項としてサイバーリスクへの対応が進む中、真実の報告が実施されていることを企業側も担保しなければなりません。そのためにも、リスクへの適切な対応が図られているかという観点だけではなく、サイバーリスクへの対応状況を内部監査として評価する意義があるのです。

4．サイバーリスクへの対応を高度化するために現状を評価するポイント

　各種ガイドラインでは、サイバーセキュリティへの取組みは、サイバーリスクに応じた個々のコントロールの導入にとどまらず、マネジメント態勢の構築も重要であるとしています。

　そのためにもリスクマップやフレームワークなど、会社全体でサイバーリスクへの対応を俯瞰できる状況を構築する必要があります（**図表 6-4-8** 参照）。

　サイバーセキュリティの監査を実施するにあたっては、現在どのような脅威が流行しているかを知ることが重要です。なぜなら、サイバーリスクに対して、自社がどのように対応できているかを評価するのが監査の目的になるからです。

　ここで現在流行している脅威に関して、独立行政法人情報処理推進機構（IPA）が「情報セキュリティ 10 大脅威 2016」として社会的に影響が大きかった 10 大脅威を公表しています（**図表 6-4-9** 参照）。

　前述のように、サイバーセキュリティに係る攻撃手法は巧妙化しているものの、サイバーセキュリティの脅威に関しては大きな変化がありま

149

第 6 章　IT 監査の高度化

図表 6-4-8　現状を俯瞰したリスクへの対応の検討イメージ

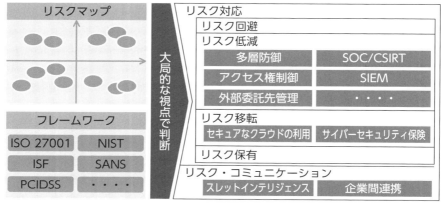

作成：PwC

せん。このようなサイバーリスクから企業や利害関係者を守る方法は、一般的に入口対策、内部対策、出口対策といった多層防御を構築して対抗することがセオリーです（**図表 6-4-10** 参照）。

　堅牢なサイバーセキュリティの構築には、自社で採用する情報技術の

図表 6-4-9　10 大脅威の個人別・組織別総合順位

1.	インターネットバンキングやクレジットカード情報の不正利用
2.	標的型攻撃による情報流出
3.	ランサムウェアを使った詐欺・恐喝
4.	ウェブサービスからの個人情報の窃取
5.	ウェブサービスへの不正ログイン
6.	ウェブサイトの改ざん
7.	審査をすり抜け公式マーケットに紛れ込んだスマートフォンアプリ
8.	内部不正による情報漏えいとそれに伴う業務停止
9.	巧妙・悪質化するワンクリック請求
10.	脆弱性対策情報の公開に伴い公知となる脆弱性の悪用増加

出所：IPA ホームページ「情報セキュリティ 10 大脅威 2016」

第 4 節　サイバーセキュリティ、IoT に係る内部監査のポイント

図表 6-4-10　各対策の具体例について

区分	具体的な対策（例）
入口対策	・業務端末とインターネット接続端末の分離 ・ネットワークセグメントの分離（最低限の通信は必要。リスクの極小化） ・機密性が高い情報を扱う端末等については、ホワイトリスト方式での アプリケーションの利用制限を設定
内部対策	・管理者権限の利用ログ等の取得と定期的かつリスクに応じたモニタリング ・セキュリティパッチの適用（Windows ケルベロス認証の例） ・管理者 ID の管理強化 ・暗号化、パスワードのハッシュ化方式の確認　等
出口対策	・不適切な通信の検知・遮断 ・通信ログ、イベントログ等の取得と分析（被害拡大防止の観点）

作成：PwC

脆弱性をタイムリーに理解することが必要です。またサイバーリスクを理解するには、新しい IT 技術の脆弱性に対する理解が必要となるため、まだ経験していない事象を想定する点、いわゆる今までのシステムリスクと異なる特徴を有しています（**図表 6-4-11** 参照）。

　また、サイバーセキュリティのリスク評価は、他のリスク評価と同様に、脅威に対するコントロールの有効性評価の結果から導き出される残余リスクにより行われます。ここでいう残余リスクは、ハッカーによる攻撃の容易性にどのように関連付けられるか、また、ハッカーに攻撃された場合のビジネスインパクトがどの程度かという観点で評価が実施されることに特徴があります（**図表 6-4-12** 参照）。

　図表 6-4-13 は、サイバーリスクへの対策に係るフレームワークの中に、対策などの要素を一例として記載したものです。この枠組みが、PwC がサービスで利用する、サイバーセキュリティの堅牢性の評価フレームワークです。

151

第 6 章　IT 監査の高度化

図表 6-4-11　リスクアセスメントの比較

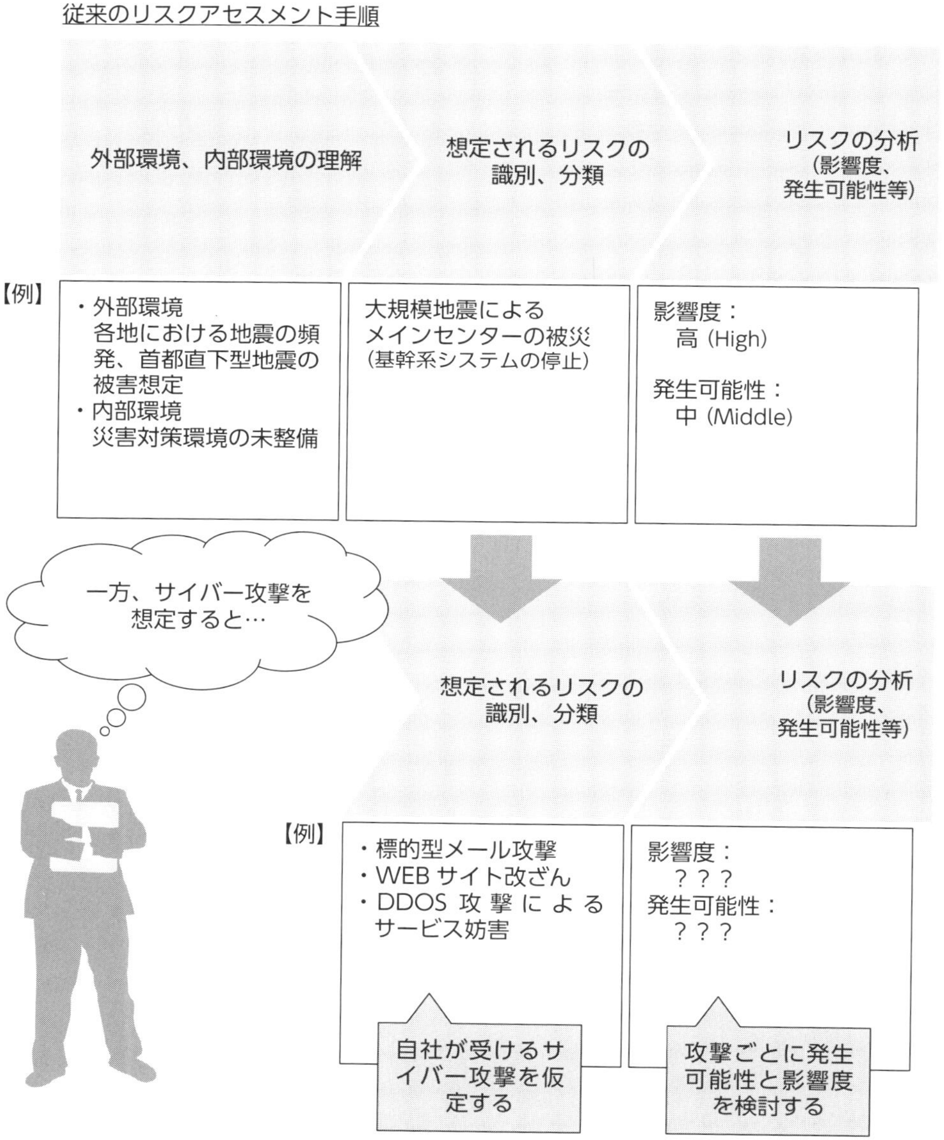

従来のリスクアセスメント手順

外部環境、内部環境の理解

想定されるリスクの
識別、分類

リスクの分析
（影響度、
発生可能性等）

【例】
・外部環境
　各地における地震の頻
　発、首都直下型地震の
　被害想定
・内部環境
　災害対策環境の未整備

大規模地震による
メインセンターの被災
（基幹系システムの停止）

影響度：
　高（High）

発生可能性：
　中（Middle）

一方、サイバー攻撃を
想定すると…

想定されるリスクの
識別、分類

リスクの分析
（影響度、
発生可能性等）

【例】
・標的型メール攻撃
・WEB サイト改ざん
・DDOS 攻 撃 に よ る
　サービス妨害

影響度：
　？？？
発生可能性：
　？？？

自社が受けるサ
イバー攻撃を仮
定する

攻撃ごとに発生
可能性と影響度
を検討する

作成：PwC

152

第4節 サイバーセキュリティ、IoTに係る内部監査のポイント

リスク評価 (対応の必要性等)	リスクへの対応 (回避、低減、移転、受容)
高 (High) 早急な対策が必要	災害対策環境の整備、基幹系システムのバックアップ等
リスクに応じたコントロールの設定および対応の優先順位付が可能	

リスク評価 (対応の必要性等)	リスクへの対応 (回避、低減、移転、受容)
高 (High) 早急な対策が必要なレベル	・FW のアップグレード ・IPS/IDS の高機能化 ・アプリケーション脆弱性レビュー等
最悪のケースを想定する	各対策の有効性を想定する攻撃ごとに評価

153

図表 6-4-12　サイバーセキュリティにおける残余リスクの考え方

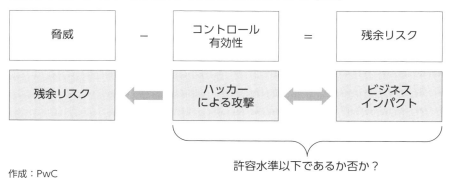

作成：PwC

　堅牢なサイバーセキュリティを構築するための対策を「管理態勢」「プロセス」「体制」「リスク」に対する具体的な対策の4つに分類し、それらを特定・防御・検知・対応・回復の5つの機能に分類した上でマッピングしたものです。

　さらに、サイバーセキュリティの監査における各チェック項目の内容を**図表 6-4-14** で説明しています。なお、この表はサイバーセキュリティリスクへの対策の網羅性を担保していませんので、サイバーセキュリティ対策の具体例を理解する資料として活用してください。

　サイバーセキュリティの堅牢性評価時には、例えば、評価対象企業の保護すべき情報資産の管理状況を踏まえた業務端末（ITシステム・エンドポイント）の構成や業務内容、組織体制などを考慮した上で、評価項目そのものや評価内容の見直しが重要です。

　また、サイバーセキュリティの攻撃手法は常に巧妙化されているため、情報資産を守る側もサイバーセキュリティ対策を見直し、高度化を図る必要があります。**図表 6-4-14** で示しているサイバーセキュリティの堅牢性を評価するためのフレームワーク内の構成要素における個別具体的な対策の有効性は、明日には陳腐化する可能性が十分にあります。

第4節　サイバーセキュリティ、IoTに係る内部監査のポイント

　そこで監査の着目ポイントとしては、新しいサイバーセキュリティリスクへの対処が、継続的なサイバーセキュリティ対応体制によって担保されているかという観点が必要となります。

　いわば将来のリスクを先取りした対策が社内で展開されるプロセスが有効か否かという評価の実施が求められるため、監査においては将来に向けた視線が必要となります。

第6章 IT監査の高度化

図表 6-4-13　サイバーセキュリティの堅牢性評価のフレームワーク（例示）

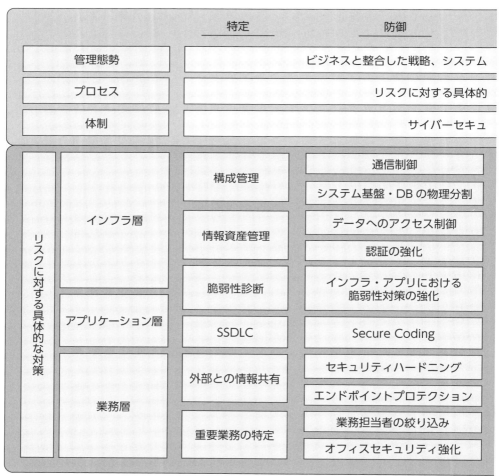

作成：PwC

第 4 節　サイバーセキュリティ、IoT に係る内部監査のポイント

検知	対応	回復

リスク管理態勢、人材育成、外部からの情報の活用

な対策に係る運用プロセスの整備

リティに係る体制の整備

不正通信検知

不正侵入検知

DB 監査

ファイル改ざん検知

初動対応

フォレンジック

ログ復元

データ復元

ログ分析による不正 / 攻撃の検知

SOC/CSIRT

コンプライアンスチェック

マルウェア検知

PC 操作検知

リスクカルチャー

BCP

157

第 6 章　IT 監査の高度化

図表 6-4-14　サイバーセキュリティ対策例

チェック項目	チェック内容
サイバーセキュリティに係る管理態勢	ビジネスと整合した戦略、システムリスク管理、人材育成、外部からの情報の活用に関して、PDCA プロセスを通じて、自社におけるサイバーセキュリティ対策の陳腐化が防止される仕組みになっているか。
サイバーセキュリティに係るプロセス	企業をサイバーセキュリティリスクから保護するためのプロセスを整備しているか。
サイバーセキュリティに係る体制	サイバーセキュリティを統括する体制として、管理態勢・プロセスを実行可能な体制を整備しているか。
構成管理	自社の情報資産に係る IT 資産として、委託先も考慮した網羅的な構成管理を行っているか。
情報資産管理	各種法規制やガイドラインを考慮した上で、自社としてセキュリティの機密性・完全性・可用性の観点から保護すべき情報資産を整理しているか。
脆弱性診断	自社のシステムに対して継続的に脆弱性診断を行うことで、最新の脆弱性を網羅的に確認し、適切に対処しているか。
SSDLC	システム開発に際して、非機能要件としてのセキュリティ要件や脅威モデリングを通じて、セキュアなシステム開発を行う態勢が整備されているか。
外部との情報共有	社外の団体との情報共有を通じて、サイバーセキュリティに係る知見を集約し、自社のサイバーセキュリティ対策への活用を行っているか。
重要業務の特定	自社の経営上重要な業務を特定しているか。
通信制御	外部と自社の境界だけに限定せず、異なるネットワーク間で発生する通信を、アプリケーションレベルの通信も考慮した上で制御および保護しているか。

第4節　サイバーセキュリティ、IoT に係る内部監査のポイント

システム基盤・DB の物理分離	各種サーバー機能を物理的に異なる機器上で構築しているか。
データへのアクセス制御	データベースやデータファイルに対して設定されているアクセス権が利用者の業務上の役割に応じて設定しているか。
認証の強化	認証対象システムに、想定されるリスクシナリオに応じた認証の仕組みを採用しているか。
インフラ・アプリにおける脆弱性対策の強化	システムが利用しているコンポーネント（OS、ミドルウェア、ファームウェア等）が影響を受ける脆弱性を適時・適切に把握し、対処しているか。
Secure Coding	システム開発時において、開発環境、開発対象となるシステムを考慮した上で、想定されるサイバーセキュリティリスクを防ぐための Coding が行われ、脆弱性が潰し込まれていることを確認しているか。
セキュリティハードニング	システムレベルのサイバーセキュリティ対策を確実にするために、網羅的なセキュリティのベースラインを定め、確実に実装されているか。
エンドポイントプロテクション	自社のエンドポイントと、自社を取り巻く環境を網羅的に把握した上で、エンドポイントの保護策が適切に実装されているか。
業務担当者の絞り込み	業務を担当する要員の妥当性も考慮した上で、絞り込みが行われているか。
オフィスセキュリティ強化	業務および取り扱う情報に適用される要件、自社としての業務、および取り扱う情報資産の重要性を考慮した上で、執務室のセキュリティが確保されているか。
不正通信検知	不正な通信をリアルタイムでモニタリングし、不正通信発生時には適切な対処が可能か。
不正侵入検知	不正侵入をリアルタイムでモニタリングし、不正侵入発生時に適切な対処が可能か。

159

第 6 章　IT 監査の高度化

DB 監査	データベースへのアクセスをリアルタイムでモニタリングし、異常な活動が発生した際には適切な対処が可能か。
ファイル改ざん検知	自社システムにおけるファイル改ざんをモニタリングし、発生時には適切な対処が可能か。
ログ分析による不正 / 攻撃の検知	自社システムのログを集約化し、相関分析等によってセキュリティインシデントの発生をリアルタイムで監視することで、セキュリティインシデントの発生の段階を把握し、適切な対処が可能か。
SOC/CSIRT	自社の SOC/CSIRT には、サイバーセキュリティインシデントに対して実効性を持って対処可能な体制が構築されているか。
コンプライアンスチェック	自社システムの構成コンポーネント（OS、ミドルウェア、ファームウェア等）のセキュリティベースラインへの遵守状況をモニタリングし、逸脱発生時には適切な対処が可能か。
マルウェア検知	マルウェアに係るサイバーセキュリティリスクを考慮した上で、多層的なマルウェア検知の手法が採用されているか。
PC 操作監視	PC を利用した不正な操作をモニタリングしているか。
初動対応	サイバーインシデント発生時に、サイバーセキュリティリスクを適切に封じ込め、自社に対するダメージをコントロールする態を構築しているか。
フォレンジック	サイバーインシデント発生時、フォレンジックを行うためのクライテリアを定め、実効性を確認しているか。
リスクカルチャー	リスク管理の動機付けと奨励を行う企業文化を醸成し、効果的なリスク管理態勢を構築しているか。
ログ復元	セキュリティインシデント発生時におけるログ調査に必要な対策が施されているか。
データ復元	自社の情報資産に係るセキュリティの重要性を考慮した上で、データの改ざん、破壊のリスクへ適切に対処しているか。
BCP	業務継続計画にサイバーセキュリティリスクも考慮したリスクシナリオを作成し、業務継続管理の一環として適切に管理しているか。

作成：PwC

第7章

内部監査における
データ分析・CAAT の活用

本章の狙い

◉データガバナンスの重要性を理解する。

◉データ分析を活用した監査について、内部監査のテーマとなり得る切り口を理解する。その上で、テーマ別監査や内部統制報告制度（J-SOX）において、データ分析をどのように活用できるか理解する。

◉継続的モニタリング・継続的監査において、データ分析をどのように活用できるかを理解する。

◉デジタルフォレンジックについて理解して内部監査の業務における活用を検討する。

◉データ分析の導入・進化のためのロードマップを理解し、自社におけるデータ分析活用のフィージビリティを検討する。

● ● ● ● 第 1 節

IT ガバナンスとデータガバナンス

1．IT ガバナンスとデータガバナンスのバランス

　企業は、IT の適切な利用のみならず保有するデータを攻めと守りのリスク管理に活用することが、ビジネスの成否を左右する時代になっています。

　企業がその経営戦略の実現に向けて、IT リスクを適切に管理しつつ、IT 資源を有効かつ効率的に利用するための仕組み、すなわち IT ガバナンス態勢を構築・強化することは、企業経営における最も重要な課題の 1 つです。また、IT の進化に伴って急激にデータ活用が進んだことにより、IT ガバナンスだけではなく、データガバナンスに対する関心も高まっています。

　データガバナンスとは、データクリエイトからデータ処理、データ出力にいたるエンド・トゥー・エンドのプロセスについて信頼性を確保し、一貫性・整合性の高いデータ品質を確保するための全社的な仕組みを構築・運用することを意味します。

　経営環境の変化のスピードが速まる中で、利害関係者は企業の財務管理やリスク管理上の課題について、より正確に早く報告することを求めています。品質が高く一貫性のあるデータを作成・処理・保持することは、ビジネスとリスクの現状をより的確に識別し、正確な判断を行う上で非常に重要な位置付けとなっています。

第1節　ITガバナンスとデータガバナンス

2．データガバナンスと内部監査

　データガバナンスは、データの改ざんや漏えいといったインシデントへの対応という「守りのデータガバナンス」と、適時・適切にデータ分析を経営の意思決定やリスクマネジメントに活用し新しい価値を生み出せているかという「攻めのデータガバナンス」の2つの顔を持ちます。この両者が内部監査のテーマになります。

　具体的な内部監査のポイントとしては、例えば次のような視点があります。

1　データ改ざん
- ・財務データだけではなく、業務データについても、誰がデータを生成・使用・閲覧しているのかが整理されているか。
- ・インシデント発生時に速やかに調査できる状態になっているか。
- ・データの更新に関するアクセス履歴が保管・管理されているか。
- ・データのインターフェースについて、完全性・信頼性・適時性が確保されているか。　等

2　データ漏えい
- ・社内で生成・更新・利用されるデータの重要性・機密性が適切に分類・評価されているか。例えば、個人情報等の重要な情報資産が、重要度に応じて適切に識別され、管理され、消去されているか。
- ・誰がどのデータをどこからアクセスして閲覧しているのかをIT部門が把握しているか。
- ・データに対するアクセスは、社内の各部門だけではなく、外部の委託先等についても適切に管理されているか。
- ・データ漏えいを検知するために、インターネット等へのアクセスに対するパトロールを実施しているか。　等

3　データ分析の活用
- ・社内でどのようなデータが生成・更新・利用・消去されているかに

163

第 7 章　内部監査におけるデータ分析・CAAT の活用

ついて、定期的に棚卸が行われているか。

・必要なときに、必要なデータに、必要な者のみがアクセスできる仕組みが構築されているか。

・データ分析のスキルを持った人材を確保できているか。　　等

3．チーフデータオフィサー（CDO）の設置

　企業の経営者は、データに内在する戦略的可能性を認識しはじめ、競争上の優位性を生み出すために、今まで以上にデータ管理やデータガバナンスの方法について関心を持って取り組んでいます。このような環境下で、CDO という新たな役割が浸透しはじめています。

　CDO の使命は、情報資産に関する企業全体のガバナンスと有効利用の責任を持ち、データを活用し、リスクを管理し、収益機会を生み出すことです[*1]。CDO の役割の領域は、データガバナンス、データアーキテクチャとテクノロジー、データアナリティクスの 3 つのステップに大きく分けられます（**図表 7-1-1** 参照）。CDO の役割はデータ監査のテーマと結びつきが強いため、内部監査部門として CDO の役割と責任を理解しておくことが重要です。

図表 7-1-1　CDO の土台を築くための段階的なステップ

ステップ	内　　容
1：データガバナンス	・役割と責任、方針および手続を含むデータガバナンスに関するオペレーティングモデルを確立する。 ・データガバナンスの方針と手続を定め、施行にあたっての範囲と優先順位を定義する。 ・方針に対する準拠状況を管理し、全体的なデータガバナンスの有効性を測定するための報告体系を確立する。

＊1　PwC「大いなる期待：チーフデータオフィサーの進化」（2015 年 6 月）をもとに記載しています。

第 1 節　IT ガバナンスとデータガバナンス

	・データガバナンスモデルを公式に定めるために、リスク管理、規制対応およびビジネス領域の利害関係者との協業関係を確立する。
2：データアーキテクチャとテクノロジー	・現状のデータアーキテクチャを評価し、望ましい能力を特定し、目標とするアーキテクチャを定義する。 ・目標とするアーキテクチャを実現するための青写真、マイルストーン、成果物およびロードマップを定義する。 ・商品、顧客等を一貫性を持って分類するために、基本となるテクノロジー基準、ツール、プラットホームやプロセスを定める。 ・ロードマップの導入に必要なテクノロジーインフラストラクチャー（ソフトウェアとハードウェアの両者を含む）とプロセスを策定する。 ・ロードマップを展開し、目的の達成度合を検証するための測定とモニタリング手続を導入する。
3：データアナリティクス	・アナリティクスにより達成する目的を定める。例えば、顧客データを収益につなげる、取引とオペレーションを改善する、リスク管理と規制対応に関する報告を改善するなどの目的が含まれる。 ・アナリティクス手法の種類を決定する。規制対応は過去の分析に焦点が当てられるが、顧客データを収益につなげるためには、より複雑で予測的なモデルが必要となる。 ・アナリティクスチームの技術能力を評価し、スキルとリソースの追加の必要性を決定する。 ・アナリティクスに関するテクノロジーとツールが、ビジネスニーズに適応しているかを評価する。 ・シェアードサービスとソリューションモデルの潜在的な価値を評価し、ゴールと戦略的目的を描いたシェアードソリューションオペレーティングモデルを開発する。シェアードソリューションを通じて得られる生産性、効率性および潜在的機会を測定する。

注：PwC「大いなる期待：チーフデータオフィサーの進化」（2015 年 6 月）をもとに作成

第2節

内部監査におけるデータ分析活用の実務
—CAAT の利用

1. CAAT とは

　内部監査部門としては、データ管理体制を監査することのみならず、データ分析を自らの監査に活用することができます。内部監査におけるデータ分析の伝統的な手法が「CAAT」（キャットまたはキャート）です。CAAT は、「Computer Assisted Audit Techniques」の略称で、「コンピュータ利用監査技法」のことです。

　CAAT における最大の特徴は、コンピュータを利用して様々なデータを取り扱い、監査人の経験や知識に基づく独自の視点で、被監査部門の負荷を増やすことなく、より広範に効果的かつ効率的な分析を実施できる点にあります。

2. CAAT の種類

　一般的に CAAT の種類は、組込型 CAAT とダウンロード型 CAAT の2種類があります（**図表 7-2-1** 参照）。前者は現状の基幹システムにデータ分析機能を搭載するものであり、後者は基幹システムからデータをダウンロードして基幹システムの外でデータ分析を行うものです。

　組込型 CAAT で詳細なデータ分析を行うためには、基幹システムなどの改修や追加開発などが必要となることもあります。そのため業務監査

図表 7-2-1　CAATの一般的な類型

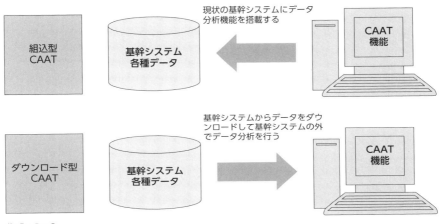

作成：PwC

やJ-SOX監査においてデータ分析を活用する場合は、まずはダウンロード型CAATでデータ分析に取り組みはじめ、分析対象データや分析手法、出力イメージがある程度明確になった段階で、組込型CAATへシフトすることが効果的です。

3.「情物一致」を前提とした2つの考え方

　データ分析の基礎となる考え方は2つあります。1つは「データが正しいのであれば、このような業務・取引を行っていたはずだ」という考え方であり、もう1つは、「こういう業務・取引を行っているのであれば、こういうデータが記録されているはずだ」という考え方です。

　いずれの考え方も、情報と現実とは一致しているという、いわゆる「情物一致」を基礎としています。言いかえると、ITガバナンスやIT統制の有効性に基づいて情物一致が成立している場合において、CAATによるデータ分析は、手動によるサンプリングテストとは異なる強みを発揮

第 7 章 内部監査におけるデータ分析・CAAT の活用

します。この点で、IT ガバナンスとデータガバナンスは密接な関係にあります。

4．CAAT を活用したデータ分析の手順

CAAT を活用したデータ分析の手順は、①品質チェック、②傾向分析、③詳細分析の 3 つに大別されます（**図表 7-2-2** 参照）。

図表 7-2-2　CAAT を活用したデータ分析の手順

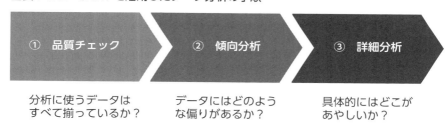

作成：PwC

[1]　品質チェック

データ分析の開始に先立ち、まずデータ品質のチェックを行います。入手したデータの期間の範囲を確認したり、金額の整合性や各種データ間の整合性を確認することで、分析に用いるためのデータがすべて揃っている（網羅的である）ことを確かめます。具体的には、主に次の 3 つの観点からデータの網羅性を確認します。

①　期間チェック：分析の対象とするデータが会計期間内のデータかどうか。
　【例】「転記日付」が、2016 年 4 月 1 日から 2017 年 3 月 31 日
②　金額の整合性：データ間の整合性はとれているか。
　【例】　総勘定元帳と補助元帳の一致（合算値と明細の合計）

③　各種データ間の整合性：データ間の整合性はとれているか。

　　【例】　在庫数量やマスタとの整合性

[2]　傾向分析

　次に全体の傾向を把握するための分析を行います。分析するデータにどのような特徴や偏りがあるのか、個別詳細な分析の前にその全体像を理解することが分析の目的です。いわば「森を見てから木を見る」アプローチで、具体的な方法としては次のような分析方法があります。

①　階層化：入力されている金額や件数を階層化した上で全体のデータの分布状況を理解する。

　　【例】　2割8割の法則（20％のデータ件数で80％の売上を構成等）は成立しているか　等

②　趨勢：数字を時系列に並べて、時の経過とデータの関係とを理解する。

　　【例】　企業別・部門別の期間（年次・月次・週次）分析　等

③　乖離：データの母集団の分布状況を確認し、中央値や平均値との比較を通してデータの特徴を理解する。また、一般的な基準値や数値の発現頻度に照らし合わせて、特定の部分が乖離していないかどうかを理解する。

　　【例】　ベンフォード分析[2]、伝票が起票されてから承認されるまでの期間　等

[3]　詳細分析

　データの品質を確認し、全体の傾向を理解した上で個別具体的で詳細

---

*2　自然界に出てくる多くの（すべてではない）数値の最初の桁の分布は一様ではなく、最初の桁の値が「1」である確率は約30％を占め、2、3…と徐々にその確率が低下し、「9」の確率は約5％以下になるという法則です。

第 7 章　内部監査におけるデータ分析・CAAT の活用

な分析に取り組みます。傾向分析の結果をもとに、不自然なデータや異常値に関する仮説を立てて、着目した項目をさらに掘り下げていきます。具体的には、以下のような分析方法があります。

① 組み合わせ：通例ではないデータの組み合わせを特定する。

【例】　売上の相手勘定として現預金・売掛金・受取手形以外が使用されている取引を抽出する。

② キーワード：特定のキーワードを含むデータを特定する。

【例】　伝票の摘要欄に「接待」「ゴルフ」「ギフト」等と記載されている取引を抽出する。

③ 取消し：取引が記録された後、一定期間を経て取り消されたデータを特定する。

【例】　期末日の直前 10 日間に計上され、翌月の 10 日間で取り消された売上取引を抽出する。

④ 勘定科目：特定の勘定科目に着目したデータを特定する。

【例】　雑収益・雑損等の勘定科目のうち多額の会計伝票に着目する。

⑤ 多重計上：多重に計上されているデータを特定する。

【例】　同じ日に同じ相手に対して、同じ金額で計上された交際費データを抽出する。

5．内部監査におけるデータ分析活用の局面

　これまで、内部監査においては、監査計画の立案や不適切事案への対応など限られた範囲でデータ分析が活用されてきました。しかし、近年の IT の発達に伴い、表計算ソフトやデータベースソフト、ビジュアライゼーションソフトが多くの企業で導入されはじめ、内部監査においてデータ分析を活用する領域や手法が飛躍的に広がりつつあります。そこで以下では、内部監査のライフサイクルにおけるデータ分析の活用局面を紹

第2節 内部監査におけるデータ分析活用の実務

介します。

[1] 内部監査計画／リスク評価と監査範囲の決定

様々な拠点・部門から監査対象を選定する際に、データ分析による定量的なリスク評価を活用することができます。

図表7-2-3は、データ分析により、どの拠点のリスクが高いのかをビジュアル化したイメージです。このような分析結果をもとに、なぜ監査対象を選定したのか（選定しなかったのか）を経営者や被監査部門に説明することで、リスクにフォーカスした客観的で説得力のある内部監査計画の立案を行うことができます。

[2] 現場往査での活用

総勘定元帳、コーポレートカード、買掛金、給与、売掛金／売上デー

図表7-2-3　リスク分析に基づいた内部監査計画の立案と監査範囲の決定イメージ

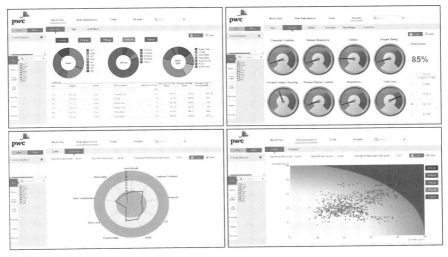

作成：PwC

171

第 7 章　内部監査におけるデータ分析・CAAT の活用

タなどをもとに、パフォーマンスのモニタリングや、リスクが高い活動の識別、異常値識別などに活用することで、限られた監査資源でより一層質の高いリスクアプローチを実現することできます。

　また、各種の申請・承認データを利用・分析し、内部統制の運用状況や法令遵守状況の評価に活用することで、通常とは異なる承認フローを経由した取引をピンポイントであぶりだすこともできます。不正リスクの高いエリアを図表 7-2-4 に示すようなアプローチで特定し、現場往査での手続を事前に絞り込むことができます。

[3]　継続的モニタリング・継続的監査

　オペレーション、財務や不正といった様々なエリアにおいて定期的なモニタリング、評価を行い、リスク兆候の識別・リスク低減にデータ分析活用することができます。頻繁に現地往査を実施することが難しい海外子会社や遠隔地の国内拠点に対しても、リモートでのデータモニタリングを行うことが可能です。

　わが国においては今後、海外事業の急速な成長を背景として多くの企業が、定期的な内部監査に加えて継続的な内部監査を強化する方向へとシフトしていくことが予想されます（継続的モニタリング・継続的監査については、本章第 5 節で詳細を解説しています）。

[4]　発見事項のフォローアップとアクション

　内部監査手続の結果、識別された発見事項について、より詳細な状況把握やアクションプランを検討する際にデータ分析を活用することができます。また、内部監査の終了後に、データ分析を通じて、発見事項に対する被監査部門の改善状況や対応状況をモニタリングすることも可能です。

第 2 節　内部監査におけるデータ分析活用の実務

図表 7-2-4　不正リスクの高いエリアの絞込み

不正の手口別に、その兆候・特徴を識別し、高リスクエリアの絞込み（スコーピング）	高リスクエリアの取引を層化した上で、モニタリング対象取引を抽出・特定する（スクリーニング）	実地でのチェックを実施し、結果を吟味する
スコーピングの視点（例示） **（売上・売掛金関係）** ・拠点別の取扱高・伸び率 ・営業担当者別売上高・伸び率 ・取引先別の受注高・利益率・取引件数 ・取引先別の売掛金回転率・エージング　等 **（棚卸資産関係）** ・倉庫別の残高推移 ・在庫水準と保管料の関係 ・製品別在庫水準・年齢の推移　等 **（一般経費・交際費関係）** ・起票者別の申請推移・累計金額・件数　等	各種データによる詳細分析（例示） **（売上・売掛金関係）** 　売上明細ファイルを母集団として、特定の拠点、特定の営業担当者、特定の取引先、特定の製品・品番等の観点から、不正の兆候・疑念のある取引を抽出する。 **（棚卸資産関係）** 　入出庫明細ファイルを母集団として、特定の倉庫、特定の取引先等の観点から、不正の兆候・疑念のある取引を抽出する。 **（一般経費・交際費関係）** 　経費明細ファイルを母集団として、一定の金額・費目・摘要等の観点から、不正の兆候・疑念のある取引を抽出する。	実地でのチェックにより、質問・閲覧・観察等の各種確認手続を行う。 ・これまでのすべての結果を吟味し、"白黒"をつける。

必要に応じて立ち戻る

作成：PwC

第7章　内部監査におけるデータ分析・CAATの活用

［5］　監査結果報告

　データ分析の結果をビジュアライズ化した上で報告資料に組み入れることにより、キーメッセージを視覚的にわかりやすく伝えることができます。最近では、データ分析ツールを活用し、静止画のみならず動画を活用して内部監査結果報告を行う事例もあります。

［6］　不正調査等における活用

　社内調査の局面において、CAATを利用した仕訳や取引分析・抽出により、不適切事案の開始時期の特定や類似案件調査を行うことができます。

　不適切な会計処理への対応にあたっては、不適切な取引および会計処理が、いつから、誰によって、どの部署において、どれくらいの期間にわたり行われていたのかを明らかにすることが必要となりますが、このような調査を行う際にCAATを活用することができます。

　不適切な会計処理には、その手口に応じて様々な特徴があらわれます。例えば、架空売上であれば、売上の伸びと売掛金の回転期間に異常が認められたり、売上の相手科目が通例ではない科目になっていたり、不自然なタイミングで売上の赤黒処理が繰り返されていたり、特定の部署・ユーザーIDに集中して架空の売上が計上されている場合があります。

　また、架空在庫であれば、在庫残高に比べて保管料が著しく低廉であったり、不自然な倉庫移動や品名振替が頻繁に行われていたり、ときには保管場所の物理的なキャパシティを上回る量の在庫がデータ上に存在していることがあります。

　さらに、不適切な交際費・旅費交通費・経費の支出などの場合には、経費申請データと勤怠データの間に不整合があったり（例えば、経費申請されている日に休暇申請が出されているなど）、同じ日に同じ担当者から複数回にわたり重複して経費が申請されていたりすることもあります。

174

第2節　内部監査におけるデータ分析活用の実務

　こうした不自然なデータを短時間で抽出する上で、CAATを活用した取引データや仕訳データの査閲は非常に有効な手段になります。近年は様々なCAATツールが市販されているため、不正調査における分析の切り口や視点をもとに、調査終了後の再発防止策にも活用することが可能になっています。

　また、海外拠点での不正発生事案も増えていますが、CAATの利用により、リモートでデータモニタリングを行うことで、遠隔地からでも子会社の日常業務を継続的に把握し、不適切な取引の早期発見に努めるとともに、抑止効果を高めることができます（**図表 7-2-5** 参照）。

　なお、不正調査については第8章で詳述します。

図表 7-2-5　CAATを利用したリモートでのデータモニタリングのイメージ

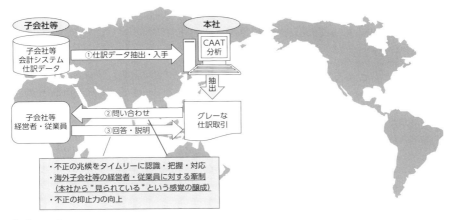

作成：PwC

第 7 章　内部監査におけるデータ分析・CAAT の活用

[7]　推測、予測リスク分析およびベンチマーク分析

　データ分析を駆使して様々なシミュレーションや一定の仮定を置いた上での将来予測を活用することで、現時点においては顕在化していないリスク・事象ではあるが、今後の中長期戦略の実行に伴って新たに発生しそうなリスク・事象を予測することができます。重大化し得るリスクに対して、内部監査部門として早期に予測的な警告を発したり、注意喚起を促したりすることができます。

　また、データ分析を活用することで、自社グループ内のベストプラクティスを識別したり、公開データとの比較を通じて他社との比較（ベンチマーク分析）を行ったりすることもできます。

　次節では、テーマ別監査において、データ分析をどのように活用できるのか、具体的な分析の切り口を解説します。

176

第 **3** 節

テーマ別監査の実務

1. 経費処理分析

　経費申請データから他の従業員との比較や二重申請の有無などを抽出することが可能です（**図表 7-3-1** 参照）。

図表 7-3-1　経費処理分析の例示

不正の手口 （例示）	分析対象データ （例示）	データにあらわれる兆候 （例示）
・架空発注、水増し発注 ・カラ出張 ・私的利用・公私混同 ・二重申請 ・割引等を利用した差額の着服 ・申請逃れ ・濫費・浪費 ・贈収賄・取引先経費の負担	・総勘定元帳 ・経費申請明細 ・支払明細 ・取引先マスタ ・従業員マスタ ・各種承認履歴	・他部署 / 他従業員と比較した経費内容（件数・金額等）の異常 ・他部署 / 他従業員と比較して異なる傾向を持つ比率 ・経費データと他のデータの不一致 ・不自然な休日の経費使用 ・個人名義の口座への多額の支払い ・取引先の振込先口座が従業員マスタに登録された支払先と同一 ・経費の重複 ・自己承認 ・仮コード/ダミーコード/特殊コード等通常の統制の目をくぐる手段の頻繁な利用

作成：PwC

177

第 7 章　内部監査におけるデータ分析・CAAT の活用

2．販売取引分析

　取引先別の販売実績から、取引の急激な増加などを把握することが可能です（**図表 7-3-2** 参照）。

図表 7-3-2　販売取引分析の例示

不正の手口 （例示）	分析対象データ （例示）	データにあらわれる兆候 （例示）
・循環取引 ・押込み販売 ・収益の前倒し ・架空収益	・取引明細 ・取引先販売実 　績一覧 ・営業債権残高 　一覧 ・販売先マスタ ・総勘定元帳 ・各種承認履歴	・特定取引先との取引の急激・継続的な増加 ・与信枠の短期間での急激な拡大（特定取引先との取引を大幅に増加させるため） ・同一商品価格の急激・継続的な増加（循環取引を継続するための価格の上昇） ・決算日後の大量（件数 / 金額）の売上取消 / 返品（押込み販売品の回収、回収期限前の架空収益の取消し） ・回収遅延（回数、日数）の発生 ・営業債権回転率の急激・継続的な増加（循環取引の肥大化、回収遅延の発生による） ・入金元と債権消込先のアンマッチ（回収遅延の隠蔽、発覚の先送り）

作成：PwC

178

第 3 節　テーマ別監査の実務

3．在庫 / 貯蔵品取引分析

　補助元帳の貯蔵品をもとに、他部署と比較して大幅な増減がないかなどを確認することが可能です（**図表 7-3-3** 参照）。

図表 7-3-3　在庫 / 貯蔵品取引分析の例示

不正の手口 （例示）	分析対象データ （例示）	データにあらわれる兆候 （例示）
・私的利用 ・横流し	・総勘定元帳 ・補助元帳 　（在庫、貯蔵品、廃棄損、仕掛損、見本品、棚卸差異等） ・各種承認履歴	・他部署 / 他従業員と比較して大量（件数、金額）の貯蔵品 / 消耗品の利用 ・他部署と比較して大量（件数、金額）の棚卸差異の発生 ・他部署 / 他従業員と比較して大量（件数、金額）の廃棄損 / 仕掛損 / 見本品等の発生 ・自己承認 ・仮コード / ダミーコード / 特殊コード等通常の統制の目をくぐる手段の頻繁な利用

作成：PwC

179

第7章　内部監査におけるデータ分析・CAATの活用

4．工事基準分析

　工事契約明細、工事原価明細をもとに、付替えなどが発生していない
か確認することが可能です（**図表 7-3-4** 参照）。

図表 7-3-4　**工事基準分析の例示**

不正の手口 （例示）	分析対象データ （例示）	データにあらわれる兆候 （例示）
・費用の付替え ・費用の未計上 / 　先送り ・見積総原価の 　過少見積り / 　見積修正の先 　送り ・収益の前倒し ・収益の先送り	・工事契約明細 ・工事原価明細 ・各種承認履歴	・工事内容と発生費用の不整合 　（付替えによる不自然な費用の計上） ・時間経過率と比較して、工事進捗 　率が著しく大きい（収益の前倒し / 　損失の先送り、付替えによる不自 　然な費用の計上） ・時間経過率と比較して、工事進捗 　率が著しく小さい（収益の先送り） ・決算日直後の見積総原価の修正（収 　益の前倒し / 先送り） ・【完成基準】決算日前に完了した工 　事に関する、完了後（決算日後） 　の費用計上 ・自己承認 ・仮コード / ダミーコード / 特殊コー 　ド等通常の統制の目をくぐる手段 　の頻繁な利用

作成：PwC

180

第3節　テーマ別監査の実務

5．現金・預金分析

　銀行入出金データと総勘定元帳をもとに、銀行入出金データと総勘定元帳の不一致（未記帳の横領や返金）などを把握することが可能です（**図表 7-3-5** 参照）。

図表 7-3-5　現金・預金分析の例示

不正の手口 （例示）	分析対象データ （例示）	データにあらわれる兆候 （例示）
・横領	・銀行入出金データ ・総勘定元帳 ・POS トランザクション ・POS アクセスログ ・各種承認履歴	・銀行入出金データと総勘定元帳の不一致（未記帳の横領・返金） ・他部署 / 他従業員と比較して大量（件数、金額）の小口現金の利用 ・他部署 / 他従業員と比較して大量（件数、金額）のレジ違算の発生 ・他部署 / 他従業員と比較して大量（件数、金額）のレジ返品の発生 ・就業時間外のレジへのアクセス ・未精算勘定（仮払金等）の大量発生（件数、金額） ・自己承認 ・仮コード / ダミーコード / 特殊コード等通常の統制の目をくぐる手段の頻繁な利用

作成：PwC

181

第 7 章　内部監査におけるデータ分析・CAAT の活用

6．人事・労務分析

　勤怠データや入退場記録などから、36 協定違反を抽出することが可能です（**図表 7-3-6** 参照）。

図表 7-3-6　人事・労務分析の例示

不正の手口 （例示）	分析対象データ （例示）	データにあらわれる兆候 （例示）
・過少申告 　（36 協定違反） ・過大申告 　（サボり、遅刻 　等） ・幽霊社員	・勤怠明細 ・位置情報（入退 　場記録等） ・総勘定元帳 ・支払明細 ・従業員マスタ ・各種承認履歴	・36 協定内容にギリギリ違反しな 　い時間外の頻発 ・勤怠データと位置情報（入退場記 　録等）の乖離 ・勤務時間以外の登録（休憩時間、 　移動時間、休暇等）の大量発生（件 　数、時間） ・人数に比例する費用（社会保険等） 　と、人件費の相関関係の不整合（幽 　霊社員に関する諸費用の未発生） ・幽霊社員の振込先口座が、別の社 　員と同じ ・自己承認 ・仮コード / ダミーコード / 特殊コー 　ド等通常の統制の目を潜る手段の 　頻繁な利用

作成：PwC

●　●　●　●　第 **4** 節

J-SOX 監査におけるデータ分析活用の実務

1．J-SOX 監査における CAAT の活用

[1]　母集団全体に対する検討

　J-SOX 監査において最も代表的な CAAT の活用方法は、母集団の検討における活用です。監査基準委員会報告書 330「評価したリスクに対応する監査人の手続」では、母集団の検討における CAAT の活用について説明していますので、詳しくは日本公認会計士協会のホームページを参照してください。

　これまで任意で抽出したサンプルについて手動で評価していた手続について、CAAT を利用することで、母集団全体に対して数字の正確性、網羅性を検証し、より信頼性が高い手続を効率的に実施することができます。

[2]　IT 業務処理統制におけるデータ分析の活用

　データ分析は、J-SOX の整備状況や運用状況の評価においても活用することができます。IT 業務処理統制は、インプットコントロール、プロセスコントロール、アウトプットコントロールの 3 つに大別され、いずれのコントロールに対してもデータ分析を活用することができ、（**図表 7-4-1** 参照）データを用いることで有効かつ効率的な検証を行うことが可能となります。

183

第 7 章　内部監査におけるデータ分析・CAAT の活用

図表 7-4-1　IT 業務処理統制におけるデータ分析の活用例

統制の種類	統制のタイプ	内容	データ分析の活用例
インプットコントロール	エディット・バリデーション・チェック	入力内容が、入力を予定している内容と一致しているかどうかをチェックする機能。（フォーマットチェック、必須入力チェック、バランスチェック、リミットチェック等）	あらかじめ定義された情報と突合し、入力チェックが正しく行われているか確かめる。
	マッチング	入力内容が、マスターデータ等のあらかじめ参照するデータに記録されているかどうか確かめる機能。	マスターデータ等と入力内容の一致を、データを用いて確かめる。
	アクセス・コントロール	パスワード等により、権限者とそうでない者を区分・承認する機能。	あらかじめ定義された情報と突合し、想定以外のアクセスがないか確かめる。
プロセス・コントロール	コントロール・トータル・チェック	情報の処理過程において受入情報の数値項目等の合計を出力情報と照合する機能。	データを用いて再計算し、出力情報との一致を確かめる。
	自動計算	プログラム内の一定の計算ロジックに基づいて自動的に計算を行い、人為的な計算誤りを予防する機能。	データを用いて再計算し、自動計算の処理結果との一致を確かめる。
	自動更新	プログラム内の設定に基づいて自動的にデータの更新を行い、人為的な入力の誤りや漏れを予防する機能。	自動更新履歴を分析することで、最新の情報に更新されていないデータを抽出する。

第4節　J-SOX監査におけるデータ分析活用の実務

	自動転送	システム間でデータ・ファイルの受け渡しを自動的に行い、人為的な転記の誤り、漏れ、重複等を予防する機能。	インターフェース元と先のデータ同士を突合することで、網羅性と正確性を確かめる。
	自動照合	ファイル間のデータ件数、数量、金額等の整合性を自動的に行い、人為的な漏れや誤りを予防する機能。	
アウトプットコントロール	自動集計	トランザクションデータやデータ・ベースのレコードを自動的に集計することで、人為的な誤り、漏れ、重複等を予防する機能。	データを用いてデータを再集計し、自動集計された結果との一致を確かめる。
	自動抽出	あらかじめ定義された条件に基づいて、自動的にデータを抽出することで、人為的な漏れ、重複等を予防する機能。	データの抽出条件を再実施し、すべてのデータが漏れなく、正確に抽出されていることを確かめる。

作成：PwC

[3]　IT全般統制へのデータ分析の活用

　IT活用の高まりを受け、IT全般統制の領域に対してもデータの活用がより一層期待されています。例えば、ITによるアクセス権の制御としての職務分掌への活用やログのモニタリングがあげられます。どのユーザーがどのシステムのどのようなトランザクションを実行する権限を所有しているか、社員がいつ入社・異動・退職し、それらは適時に作成・変更・削除されているかという視点は、IT全般統制の基礎であり、J-SOXにお

第7章　内部監査におけるデータ分析・CAATの活用

ける重要な論点の1つとされています。

　そのような領域に対してデータを活用することで、不適切な組み合わせの権限がないことに対する一定水準の心証を得ることが可能です。例えば、受注の権限を所有する販売担当者が請求と入金の権限を持っていることはないか、1人の担当者に権限が集中しすぎていないか、申請から承認の期間が短すぎないか、もしくは長すぎないかなど、その全量をチェックすることが可能になります。

　また、ログのモニタリングにおいてもデータ活用することが効果的です。IT全般統制では、取得したログをモニタリングしているか、その整備状況と運用状況の有効性が特に重視される傾向にあります。

　例えば、IT担当者がデータベースの修正を行う場合、管理者は事後的に修正に係る依頼書とトランザクションログを突き合わせることになりますが、ログ自体は膨大な量になることが予想され、また、そのログを1つ1つ解読していくことは困難を伴い、非常に多くの時間を費やすことになります。

　近年では、様々な解析ツールも販売されていることから、それらを用いることで、いつ、誰が、どこにアクセスし、何を実施したかをチェックし、適切な承認を得ないデータ修正の発見につなげることも可能となります。

2．プロセスマイニングの活用

　データ分析の手法の1つであるプロセスマイニングの活用について紹介します。プロセスマイニングとは、イベントログの分析により、業務プロセスを可視化し、プロセスの流れ、発生頻度、時間などの切り口からプロセスを検証する技術のことです。従来のコントロール評価の負荷を大幅に削減し、また、業務プロセスの改善の機会を得るための手法として最近注目を集めています。

186

第 4 節　J-SOX 監査におけるデータ分析活用の実務

図表 7-4-2　プロセスマイニングの効果

課題	プロセスマイニングによる効果
・従来の手作業（人海戦術）でカバーできる業務プロセスは限定的 ・業務やシステムの肥大化・複雑化により業務プロセスを手作業で追跡するのは困難 ・エラーは通常のルートよりも、通常以外のルートで発生している 　⇒異常値の検出がより重要	・より広範な業務プロセスをカバーすることが可能 ・業務プロセスを可視化し、大量のイベントを容易に解析することが可能。また、定義されたプロセスフローと実際のイベントのフローを比較することで、業務改善の機会を得る ・業務プロセスの可視化により、容易に異常値の検出が可能

作成：PwC

　プロセスマイニングは**図表 7-4-2** に示すような効果を得ることができます。

　業務プロセスは、ほとんどの企業でプロセスフローなどにより定義されていますが、実際に行われた処理を見てみると、**図表 7-4-3** に示すように、通常のプロセスフロー以外の流れで処理されるイベントも多くあります。プロセスマイニングの活用により、大量のイベントログを解析することで異常なイベントを識別したり、プロセスを可視化することで最適なプロセスを分析・提案したりすることが可能になります。

　J-SOX 評価手続では、これまでは母集団からサンプリングを行い、抽出されたサンプルに対してテスト手続を実施していましたが、J-SOX においてもプロセスマイニングの活用をはじめている企業もあります。プロセスマイニングの活用により、母集団全体を見た上で、異常値に対するテストの実施が可能となっています。

第 7 章　内部監査におけるデータ分析・CAAT の活用

図表 7-4-3　購買プロセスのプロセスマイニングの例示

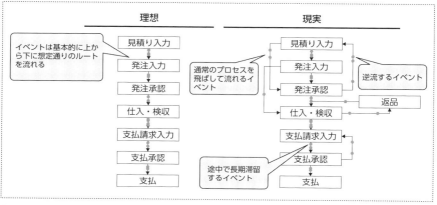

作成：PwC

第5節

継続的モニタリング・継続的監査への挑戦

1. 継続的モニタリング・継続的監査とは

継続的モニタリング・継続的監査は、一時的に計画され実施されるモニタリング・内部監査と対比して、定期的に継続して実施されるもので、リスクの状況を適時に把握することを目的としています。各々のプロセスは次のとおりです（**図表 7-5-1** 参照）。

① 継続的モニタリング

方針、手順、ビジネスプロセスが有効に運用・継続されていることをモニタリングするビジネス部門のプロセスを指します。独立した内部監査部門がその妥当性を評価します。

② 継続的監査

オペレーション、財務や不正といった様々なエリアにおいて定期

図表 7-5-1　継続的モニタリングと継続的監査

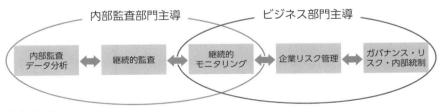

作成：PwC

第7章 内部監査におけるデータ分析・CAAT の活用

的なモニタリング、評価、リスク低減を実施する内部監査のプロセスを指します。

2．継続的監査におけるデータ分析の活用

従来の内部監査では、コントロール水準が著しく低下した段階で事後的に内部監査が実施されてきました。そのため、内部監査の後に改善活動などにより一時的にコントロールレベルが向上しますが、しばらく内部監査が実施されない期間が続くとコントロール水準が低下し、そのたびに内部監査が実施されるということが繰り返されていました。

企業を取り巻くリスクが複雑化し、利害関係者への説明責任が問われる昨今においては、テクノロジーやデータの活用により適時にかつ継続的にリスクとコントロールを評価していくことが求められています。継続的監査では、**図表 7-5-2** の右側の図に示すように、求められるコントロール水準を下回った時点で内部監査を実施することで、早期に課題に対応することが可能になります。

コントロール水準は、主要リスク指標を設定し、その指標に対して継続的にモニタリングを行うことで把握することができます。主要リス

図表 7-5-2　コントロール水準と継続的監査

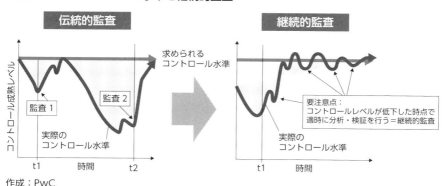

作成：PwC

第5節　継続的モニタリング・継続的監査への挑戦

指標の種類としては以下のようなものがあげられます。自社のリスクの変化やリスクの顕在化の兆候を適時に把握し、是正することが可能になります。

① エクスポージャー指標：部門・業務がリスクにさらされている度合いを把握するための指標で、業務の規模や内部環境を表す。
　　　【例】 契約者数、取引件数・金額
② 管理指標：リスクの統制状況を把握するための指標。
　　　【例】 1人当たりの事務処理件数、異例処理件数
③ 結果指標：実際に発生したリスクの件数や損失金額を把握するための指標。
　　　【例】 事務事故・ミス発生件数、不祥事発生件数

第 6 節

デジタルフォレンジックの活用

1. デジタルフォレンジックとは

　多くの企業にとって、不適切な会計処理の実態を把握するための調査は、日常業務とはかけ離れた非常時の対応であり、特に上場企業の場合は開示の期限や利害関係者との迅速なコミュニケーションが求められ、いかに短期間に適切かつ透明性の高い調査を実施することができるかが重要になります。そのためには、IT とデータ分析、いわゆるデジタルフォレンジックを最大限に活用することが有意義です。

　一般的に、J-SOX 監査のような内部統制の有効性の評価などにおいては、サンプリングを基礎とした評価・検証が行われています。これに対して不正調査においては、不正の手口や特徴に応じて調査範囲や期間を特定した上で、概括的な傾向分析や悉皆調査（いわゆる精査）を行うことが重要になります。また、データの分析を実施する際には、消去されたデータも含めて可能な範囲で適切に復元した上で電子データの査閲・分析を行うことが有意義です。

2. データの復元とメールデータやファイルの査閲

　不正においては、共謀、通謀、証憑の改ざんや隠蔽・破棄などがなされることが少なくありません。こうした状況に立ち向かい、誰と誰がつ

第6節 デジタルフォレンジックの活用

ながっているのか、あるいは誰の指示で不適切な取引や会計処理がなされたのかを短時間で明らかにする上で、PC やサーバーなどのデータを復元して解析することが役に立ちます。

デジタルフォレンジックの技術を利用し、調査対象者などが使用している PC やファイルサーバー、メールサーバー、携帯電話やスマートフォンなどに残っているデータを取得し、すでに削除済みのメールやファイルなども復元することで、取引データや会計仕訳の査閲や質問、紙面証憑の閲覧等の調査手続では得られない証拠を入手できることがあります。

また、復元したデータを対象として、不正の手口の中で登場する固有名詞や首謀者（グループ）が好んで使う隠語などをキーワードとして検索をかけることにより、大量のデータの中から不正に関連する情報を効率的に収集・分析することも期待できます。

特に最近では、モバイル環境やクラウド環境でデータが作成・保管されていることが多くなっており、一部の組織ではグローバルに連携し、スマートフォンで使用されたチャット記録を入手・分析し、クラウド環境下のデータを各国の個人情報保護規制などにも十分留意した上で入手・分析するなどの挑戦が進められています。

今後は、IoT に代表されるように、様々なデバイスがネットワークを介してつながり、位置情報や時間情報も含め、データ分析の対象は今後、飛躍的に広がっていくことが予想されます。

3．内部監査とデジタルフォレンジック

デジタルフォレンジックがその威力を発揮するのは、専門家による不正調査の局面だけではありません。

ビジネスモデルや取引環境の変化に先んじて不正の兆候を特定し、日常の常時継続的なモニタリング業務の一環としてデータ分析の視点・切り口を設定し、社内の役職員と対話を行うことが、不適切事案の未然防

第7章　内部監査におけるデータ分析・CAAT の活用

止の視点からも非常に有効です。

　最近、アジアやアフリカを中心に、海外における事業成長を持続的な企業価値創造のドライバーの1つとして掲げている日系企業が増えています。

　その一方で、すべての海外拠点に対して、潤沢に経営管理部門や内部監査部門を配置することは困難なこともあります。こうした環境の中で、本社として、海外ビジネスの成長基盤となる IT 環境を正確に理解した上で、デジタルフォレンジックを不正の未然防止・早期発見のためのモニタリングの道具として活用することは、非常に有効な経営の武器の1つになりつつあります。

　不正が顕在化してからデジタルフォレンジックの活用を検討するのではなく、日常の継続的なモニタリングの中で常在戦場の心構えでITやデータ分析を日頃から活用していくことは、危機対応への重要な備えになると考えられます。

194

ここからはじめるデータ監査

1. 内部監査におけるデータ分析活用の進化ステージ

　内部監査部門のデータ分析のスキルは、どのように成熟させていけばよいのでしょうか。内部監査におけるデータ分析活用の進化ステージは、**図表7-7-1** のように考えられます。まずは、これまでの「人海戦術による内部監査」のステージから、内部監査の一部を CAAT の利用により効率化するステージへと進みます。

　そして続くステージでは、リスクマネジメントや継続的監査の視点で、データ分析をより一層活用していくことができるようになります。データ分析活用のステージが進み、予測的な要素を取り込むにつれて、企業価値への貢献度（ビジネスにもたらす価値）も向上します。

　すなわち、キーリスクに対するモニタリングは、初期のステージでは、分析結果に対して受動的な対応（例：モニタリングで内部統制の弱点を発見した場合の事後的な対応）が行われるのに対して、進化したデータ分析のステージでは、より予測的な対応（例：内部統制の弱点を事前に察知し、リスクが本格的に顕在化する前に迅速な対応を行う）が可能になります。

　こうしたデータ分析活用の進化に合わせて、内部監査人は、事業活動への理解を基礎として、今まで以上に具体的かつ早期にリスクマネジメントに関する洞察力を養い、新しいタイプのリスク（エマージングリスク）

第 7 章　内部監査におけるデータ分析・CAAT の活用

図表 7-7-1　データ分析活用の進化ステージ

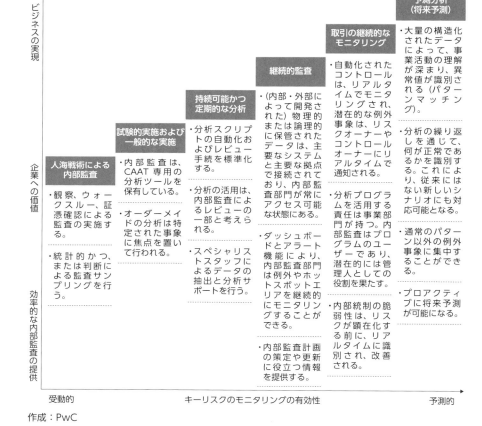

作成：PwC

を適時に発見したり、従来とは違う形で内部統制の有効性や弱点を識別したりすることへの挑戦が可能となります。

2．データ監査導入のポイント　―小さく産んで大きく育てる

　データ監査の導入・定着にあたっては、**図表 7-7-2** に示すような「壁」

第 7 節　ここからはじめるデータ監査

にぶつかることが想定されます。導入にあたっては、まずはフィージビリティスタディを行い、CAAT などのデータ監査に適した領域や利用方法を見定めることがポイントです。また、データ分析を利用せずに、これまでどおりに手作業でデータを抽出・確認したほうがよい場合もあります。データ分析の限界を認識しながら、データ監査を利用する領域を選別することが重要です。

3．データ分析の第一歩

データ分析の第一歩として、高度なデータ分析のスキルを必要とせず、

図表 7-7-2　データ監査の導入成功、定着のために乗り越えたい 7 つの壁

第 1：リスクアセスメントの壁
どのような視点から、どのような分析を行うか
第 2：システム理解・協力獲得の壁
そのデータは社内のシステムのどこに存在するか　どうすれば入手できるか
第 3：データ構造理解の壁
入手したデータをどのようにデータ分析ツール（CAAT ツール等）に取り込むか
第 4：不正の兆候・手口の理解の壁
どのようにして、よりグレーなデータを分析・絞り込み・抽出するか
第 5：白黒決着の壁
分析・絞り込み・抽出した結果（グレーなデータ）を、どのように白黒つけるか
第 6：セキュリティ＆安定化の壁
データ分析の記録・監査証跡をどのように記録・保管し、次回に活用するか
第 7：引き継ぎ＆マンネリ防止の壁
継続的かつ効率的に検証するために、どのようにデータ分析を高度化するか

作成：PwC

197

第7章 内部監査におけるデータ分析・CAATの活用

取り組みはじめるのが比較的容易な2つのデータ分析の手法について説明します。

[1] マスターデータ分析

マスターデータ分析をすることで、大容量のデータを入手・分析せずに、効果的・効率的にビジネスを理解し、具体的なリスクの顕在化の兆候を識別・判断することができます。

図表7-7-3 マスターデータ分析の観点の例

分析項目	分析の観点の例示
個人名称	個人事業主？　関連当事者？　縁故者？　等
会社組織・形態	不自然な組織形態はないか？
会社名称	関連当事者、不自然な名前、"Unknown Company"、"###"、等はないか？
会社所在地	不自然な海外所在地はないか？

作成：PwC

[2] 勘定データと取引データを使用したデータ分析

海外子会社の単体の勘定データと取引データを入手し、直接モニタリングすることで、連結パッケージ上では合算集計されて実態が見えにくくなっている状況を解きほぐすことができます（**図表7-7-4** 参照）。

図表7-7-4 ビジネスの実態とデータの分析

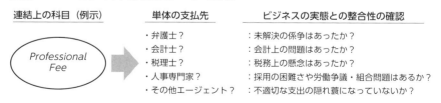

作成：PwC

第7節 ここからはじめるデータ監査

4．データ分析の成熟度を測るための自己診断

　内部監査部門には、必ずしもITやデータ分析のバックグラウンドを持った人材がいるとは限りません。多くの場合、データ監査の導入・活用を進めながら人材を育てていくことになると考えられます。まずは、**図表7-7-5**に示すような観点で、自社のデータ分析の成熟度を評価し、人材を育成しながらステップアップする必要があります。

図表7-7-5　データ分析の成熟度チェックリスト

出所：PwC「内部監査における3Dの活用　デジタル・データ・デバイスの3D時代におけるデータ分析の活用方法」（2015年）

199

第 8 章

不正・不祥事への対応と
内部監査

本章の狙い

◉ 不正リスクの見える化や不正管理態勢の強化について理解する。

◉ 不正・不祥事対応の実務を理解する。

◉ 不正・不祥事対応に関連するプリンシプルや各種ガイドラインの内容を理解し、内部監査への示唆を得る。

◉ 不正・不祥事対応の初動や調査や再発防止策の検討・実施にあたり、内部監査部門としてどのような貢献ができるか理解する。

第 1 節

不正・不祥事が企業価値に
与えるインパクト
—不正リスクを見える化し、不正リスク管理態勢を強化する

1. 不正リスクの「見える化」の重要性

　不正・不祥事の発生に伴って、企業価値の毀損は年々大きくなる傾向にあります。長年にわたり社会的な信頼を積み上げてきても、ひとたび不正や不祥事が起これば、一夜にして企業価値が大きく損なわれかねません。

　実際に不正・不祥事が識別された後に、ゼロから不正リスクに対応する場合、株価の下落や役員の訴追、類似調査・過年度調査などに係る費用の負担や損失は莫大となる傾向があり、状況によっては企業存続の危機に陥ることさえもあります。

　こうした背景のもと、昨今では実際に問題が起きる前に不正リスクを棚卸・見える化した上で、不正リスク管理態勢を構築・強化する企業が増えています。経営者としても、自社のビジネスモデルや業種・業態・地域展開に応じて不正リスクを棚卸した上で、重要な不正リスクについては、適切な内部統制や継続的なモニタリングの仕組みを整備・運用し、不正リスクの顕在化を未然に抑制するとともに、不正や不祥事が起きた際には適切かつ迅速に対応を行うことが、これまでになく重要な経営課題の1つになっています。

第1節 不正・不祥事が企業価値に与えるインパクト

2．不正リスクライブラリを作成・活用する

　不正リスクの見える化については、これまでに自社グループ内で発生した不正・不祥事の事例、同業他社で発生した不正事例などをもとに、不正の手口を一覧化し、「不正リスクライブラリ」を作成・活用することが有意義です（**図表8-1-1**参照）。

　不正リスクライブラリには、既存の各事業のビジネス上の特徴・特性だけでなく、今後の事業成長に伴って予見されるリスク情報を集約できると、さらに有意義なものになります。

　不正リスクライブラリを具体的に作成する際には、公認不正検査士協会等が公表している不正の類型などを活用しつつ、整理を行うことが効率的および効果的です。不正リスクライブラリ作成のためには、インターネットにあふれている各種情報のパトロールや、国内外の同業他社の不正・不祥事の事例の情報収集が有意義であることは確かですが、必ずしも新たな情報収集やシステムの導入を行う必要はありません。

　まずは、すでにある情報収集の枠組み、すなわち内部通報で認識されているリスク情報や取締役会で共有されているリスク情報、投資家とのIR活動で寄せられた質問や問い合わせなど、既存の情報収集の枠組みを最大限活用することで、最初の一歩を踏み出すことができます。

3．不正リスクの評価手順

　不正リスクライブラリを作成した後は、そのリスクの顕在化の可能性やリスク発生時のインパクトを勘案しつつ、関連する内部統制の有効性を評価して残余リスクを把握します。以下では不正リスクの評価手順を解説します（**図表8-1-2**参照）。

① Step1：不正リスクの棚卸と暫定的な評価

　自社の内部通報や過去の内部監査結果、他社事例などを念頭に、不正

203

第 8 章　不正・不祥事への対応と内部監査

図表 8-1-1　不正の類型例

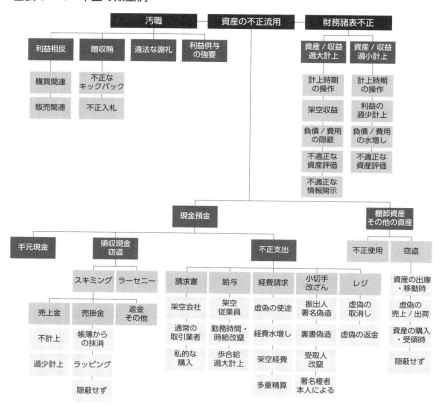

出所：公認不正検査士協会（ACFE）「2014 年度版　職業上の不正と濫用に関する国民への報告書」[*1]

リスクライブラリを作成します。その上で、今後の事業計画を勘案しながら、不正リスクの全体像を把握し、自社にとって重要な不正リスクを暫定的に識別します。

---

*1　https://www.acfe.jp/upload/RTTN2014_J.pdf

第1節　不正・不祥事が企業価値に与えるインパクト

図表 8-1-2　不正リスクの評価手順

Step1	Step2	Step3	Step4	Step5

	不正リスクの棚卸と暫定的な評価	対象会社の選定・絞り込み	不正リスク管理態勢の有効性の評価	オンサイト評価の実施	改善策の策定と再発防止策の有効性のモニタリング方法の検討
実施項目	・キックオフ ・過去の社内・同業他社の不適切事案分析 ・一般的な不正リスクの類型をもとにした不正リスクライブラリの作成 ・グループ会社の不正リスク管理態勢の概要の理解 ・上記を踏まえた重要な不正リスクの識別	・重要な不正リスクに関する内部統制等の理解 ・重要な不正リスクに関するリスクの顕在化時のインパクト、リスクの顕在化の可能性の検討 ・上記を踏まえた、対象会社を選定	・不正の兆候把握方法の検討 ・CAAT を活用した仕訳・取引データの分析 ・オンサイト調査計画立案	・対象会社に対するオンサイト評価 ・検出事項・識別事項と改善点の取りまとめ ・根本原因の分析	・改善施策の協議・検討 ・調査結果の取りまとめ ・今後の改善施策の検討 ・再発防止策の有効性のモニタリング方法の検討・計画

作成：PwC

② Step2：対象会社の選定・絞込み

識別した1つずつの不正リスクについて、関連する内部統制などがどの程度機能しているかを検討するとともに、実際に不正が顕在化した場合の企業価値に与える影響を見極めます。具体的には、不正リスクに関する発見的・予防的な内部統制を見極めた上で、その有効性評価を詳細に評価する対象とするべき拠点や事業を選定します。

③ Step3：不正リスク管理態勢の有効性の評価

この段階では、Step1 で識別した1つずつの不正リスクについて、Step2 で把握した内部統制の有効性を勘案しつつ、並行して全社レベルで不正の兆候をどのように把握できるかについて検討します。個別の不正リスクが顕在化する前に、どのような予兆・シグナルがあるのかを検討した上で、実際にデータ分析を活用しながらその兆候があらわれていないかを見極めます。

その上で、これまでの結果を総合的に勘案して、現状の不正リスク管理態勢の脆弱性を見極め、現地における詳細な調査を実施する際に、具

205

第 8 章　不正・不祥事への対応と内部監査

体的にどのような点にフォーカスするべきかを決定します。

④　Step4：オンサイト評価の実施

　対象会社として選定した会社に対して現地調査を実施します。調査の中で検出された事項を分析し、根本原因を探ります。

⑤　Step5：改善策の策定と再発防止策の有効性のモニタリング方法の検討

　Step4 で識別された根本原因を改善するための施策を検討し、今後の対応を決定します。また識別された方法をグループ全体に適用するためのモニタリング方法を検討・決定します。

206

第2節

不正調査と内部監査

1. 調査体制の類型

　不正リスク管理態勢をいかに強化したとしても、不正・不祥事のすべてを未然に予防できるわけではありません。このため、不正・不祥事が発生した場合に迅速に調査チームを組成し、適切な調査を実行できるよう、危機管理策も並行して検討しておくことも重要になります。

　調査チームの体制をどのように組成するかは不適切事案への対応の最初の重要な課題となります。調査体制は、一般的に次の3つに大別されます。

① 社内のメンバーのみで対応するケース

② 社内のメンバーに社外の弁護士や公認会計士等の専門家を加えたメンバーで対応するケース

③ 社外の弁護士や公認会計士等の独立した社外の専門家のみで構成されたメンバーで対応するケース

次項では概要とメリット・デメリットを紹介します。

2. 内部調査委員会のメリット・デメリット

　この委員会は、社内の取締役や役員、従業員によるメンバーで構成される調査体制です。この委員会は、事案の影響などが限定的と見込まれ

207

第8章　不正・不祥事への対応と内部監査

る場合、非上場企業など社会的影響が比較的に軽微な場合に採用されます。調査メンバーは社内の事情に精通していますので、調査をスムーズに行えることがメリットとしてあげられますが、一方で社内のメンバーのみのため、対外的に正当性・透明性のある説明をすることが難しくなる点がデメリットです。

3．社内メンバーに外部有識者を加えた調査委員会

この委員会は、前項の内部調査委員会の社内メンバーに社外の弁護士や公認会計士、公認不正検査士などの外部有識者を加えた調査体制です。これらの専門家が参加することで、より専門的な調査を実施したり助言を受けられる利点があげられます。しかし、社内のメンバーが調査に参加していることから、対外的な説得力や調査の客観性の面では、社内の内部調査委員のみで構成される調査体制と差異はほとんどありません。

4．第三者委員会

この委員会は、社外の弁護士や公認会計士、公認不正検査士などの外部有識者のみで構成される調査体制です。上場企業における複雑かつ大規模な不正・不祥事など社会的影響の大きい事案において採用されるケースが多くあります。調査は日本弁護士連合会が2010年12月に公表した「企業等不祥事における第三者委員会ガイドライン」[*2] に準拠して実施されるため、対外的な説得力や調査の客観性は高まります。

その一方で、調査委員が社外メンバーであることから、組織文化、調査対象となる取引や商流、社内の慣習などを理解するのに時間を要するため、短期間で確実な事実認定と根本的な原因分析を達成するのは難しい課題であるといえます。

---

*2　http://www.nichibenren.or.jp/library/ja/opinion/report/data/100715_2.pdf

第 2 節　不正調査と内部監査

　なお、昨今では、第三者委員会等の調査報告書を「格付け」して公表する例もあります。例えば、「第三者委員会報告書格付け委員会」では、調査委員として選任された弁護士などが依頼企業からの独立性を確保して厳正な調査を実施したか否かなどについて見解を公表しています。

　第三者委員会を設置し、調査委員を選任する場合には、こうした点も意識しつつ、独立性・中立性・専門性に十分かつ慎重な配慮を行い、適切な調査を行えるように環境を整備することが必要です。

5．調査委員の運営

　上記のいずれの場合であっても、委員会の設置後は調査チームの事務局を準備し、調査委員の求めに応じて証拠書類や各種データの検索を行い、報告書を作成することとなります。また、当事者に対するインタビューのアレンジ、調査委員会や取締役会のスケジュール調整なども必要となり、その事務負担は相当なものになります。

　その他の注意点としては、調査委員や事務局メンバーの人選があげられます。事案の当事者はもちろんのこと、その直属の上長や当事者の所属する部門長などが就任するのは避けるべきです。これらのメンバーは調査の進捗によっては不正・不祥事の関係者であることが事後的に判明する可能性も高く、調査の客観性を担保するためにも参加は避けるべきと考えられます。

　調査の範囲や手順は、その事案の性格や内容、緊急性や重大性によっても異なりますが、一般的には**図表 8-2-1** のようなステップで取り組みます。まず、不正・不祥事の発生拠点・手口、すなわち病院での治療に例えれば出血している個所を特定して出血を止め、その上で不正・不祥事が再発しないように体質改善を行います。

209

第 8 章　不正・不祥事への対応と内部監査

図表 8-2-1　不正・不祥事への対応の全体像

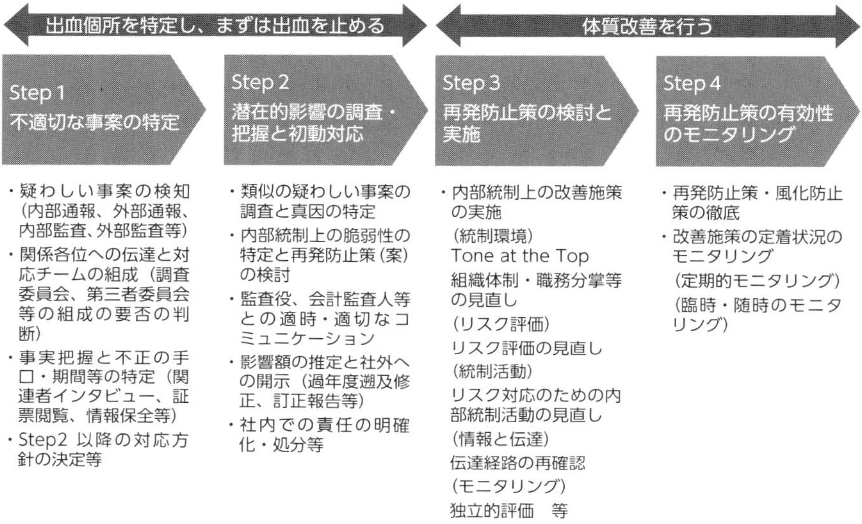

出血個所を特定し、まずは出血を止める　　　　　体質改善を行う

Step 1
不適切な事案の特定

Step 2
潜在的影響の調査・
把握と初動対応

Step 3
再発防止策の検討と
実施

Step 4
再発防止策の有効性
のモニタリング

・疑わしい事案の検知
（内部通報、外部通報、
内部監査、外部監査等）
・関係各位への伝達と対
応チームの組成（調査
委員会、第三者委員会
等の組成の要否の判
断）
・事実把握と不正の手
口・期間等の特定（関
連者インタビュー、証
票閲覧、情報保全等）
・Step2 以降の対応方
針の決定等

・類似の疑わしい事案の
調査と真因の特定
・内部統制上の脆弱性の
特定と再発防止策（案）
の検討
・監査役、会計監査人等
との適時・適切なコ
ミュニケーション
・影響額の推定と社外へ
の開示（過年度遡及修
正、訂正報告等）
・社内での責任の明確
化・処分等

・内部統制上の改善施策
の実施
（統制環境）
Tone at the Top
組織体制・職務分掌等
の見直し
（リスク評価）
リスク評価の見直し
（統制活動）
リスク対応のための内
部統制活動の見直し
（情報と伝達）
伝達経路の再確認
（モニタリング）
独立的評価　等

・再発防止策・風化防止
策の徹底
・改善施策の定着状況の
モニタリング
（定期的モニタリング）
（臨時・随時のモニタ
リング）

作成：PwC

第 **3** 節

不祥事対応に係るプリンシプルと
各種ガイドライン

1. 不祥事対応に係るリファレンス

　各種調査委員会との関係でみると、内部監査部門は2つの顔を持ちます。1つ目は、内部監査部門が調査の一翼を担って積極的に貢献している調査者としての顔です。そして2つ目は、内部監査部門自体が委員会の調査対象となり、それまでの内部監査の有効性そのものが問われる調査対象者としての顔です。

　そこで、以下では、不正調査の際に一般的によく参照・活用される不祥事対応におけるプリンシプルや各種ガイドラインについて概説します。

2. 不祥事対応におけるプリンシプル設定の意義

　上場企業の上場審査管理などを担う日本取引所自主規制法人は2016年2月に「上場企業における不祥事対応のプリンシプル」(以下「プリンシプル」)を公表しました。これは、従前の上場企業における不祥事対応に共通する視点を基礎に、不正・不祥事への具体的な対応策の根底にあるべき共通の行動原則を明示したものです。

　このプリンシプルはあくまでも「行動原則」であり、「ルール」ではないことに留意が必要です。不特定多数の市場参加者が存在する資本市場では、発生した不正・不祥事に対して一定の水準を確保した対応がなさ

211

第8章　不正・不祥事への対応と内部監査

れる必要があります。そのためには、本来であれば明文化されたルールの存在が不可欠ですが、新たな不正の類型や手口が次々とあらわれる昨今の状況に対して柔軟にルールを適用することは困難です。そこで、当たり前の共通認識を改めて明確化し、既存のルールベースの枠組みと相互補完的に規定することで、社会における共通の利益を適時にかつ実態に即した形で実現させるために、このプリンシプルが設定されています。

　企業経営者には、このプリンシプルの趣旨を念頭に置き、以下で詳述する不祥事対応に係る様々なガイドラインや基準を参照することにより、一定の水準を保つ不正・不祥事への対応を行うことが強く求められています。今後、プリンシプルに基づいた判断や不祥事対応の実務が時間の経過とともに定着し、結果として資本市場における規範意識の高まりにつながることが期待されています。

3．不正・不祥事対応に役立つ様々なガイドライン

　不正・不祥事対応については過年度より、日本弁護士連合会や日本公認会計士協会など、様々な機関・業界団体がそれぞれの立場から関連するルールやガイドラインを公表しています。

　内部監査部門としては、実際に不正対応の現場に直面したときに、これらのガイドライン等を自らの行動指針として活用することができます。また、弁護士や会計監査人、監査役など不正対応における様々な関係者の行動規範および共通言語を理解しておくことは、相互のコミュニケーションを活発化させ、相互に連携した調査を円滑に進めることにも役立ちます。

　以下では、それぞれのガイドライン等の目的や利用すべき機会等について概説するとともに、プリンシプルに示される各原則を達成するための活用方法について言及します。

212

第3節　不祥事対応に係るプリンシプルと各種ガイドライン

1　日本公認会計士協会経営研究調査会研究報告第51号「不正調査ガイドライン」（2013年9月4日）

①　概要

　日本公認会計士協会は、2013年9月4日付けで経営研究調査会研究報告第51号「不正調査ガイドライン」を公表しました。

　このガイドラインは主に公認会計士などが企業などから不正調査業務の依頼を受けたときに、その業務を受任するかの判断から、不正調査業務の終了までの一連の業務に関連する概念や留意事項を体系的に取りまとめたものです。詳しくは同協会のホームページ「専門情報」を参照してください。

②　内部監査部門への示唆

　このガイドラインは、具体的には、公認会計士が企業経営者からの依頼を受けて不正調査業務を提供する場合や不正調査委員会のメンバーとして選任された場合に、不正調査業務の品質を担保し、利害関係者の要請にも企業等が適切に対応できるように助言することを可能とすることを目的としています。

　このガイドラインの対象は公認会計士ですが、それ以外の、例えば企業の内部監査部門担当者にとっても、不正調査を実施する際に非常に参考になります。

　このガイドラインは、不正・不祥事の発覚直後における初動調査においてどのような組織体制を構築すべきかにはじまり、不正・不祥事の実態調査で採用される「仮説検証アプローチ」の概念と主要な調査手続や再発防止策（ガイドラインでは「是正措置案」と表現している）のとりまとめ、および調査報告作成上の留意点について幅広く言及していることから、内部監査担当者にとっても実際に不正調査実施時のマニュアルとして非常に有意義な内容となっています。

　特に不正・不祥事の再発防止策を立案する際には、調査や原因分析

213

第8章　不正・不祥事への対応と内部監査

を表面的なものにとどめず根本的なレベルまで原因究明することが求められることから、情報の収集・分析および調査手法の検討にあたっては随時このガイドラインを参照するのがよいでしょう。

2　日本弁護士連合会「企業等不祥事における第三者委員会ガイドライン」（2010年12月17日改訂）

①　概要

　企業や官公庁、地方自治体等において、不正・不祥事が発生した場合、昨今は外部者を交えた委員会を設置して調査を実施するケースが増えています。日本弁護士連合会のホームページでも第三者委員会を対象として、本ガイドラインを策定とする旨の記載があり、第三者委員会の活動がより一層社会の期待に応えることを目的としています。

②　内部監査部門への示唆

　一般的に不正・不祥事に係る調査は担当役員や従業員が経営者からの指示を受けて実施することになります。しかしながら、内部統制の有効性や経営陣の信頼性について疑義が生じている場合、社会的な注目や影響が重大な事案である場合などにおいては、調査の客観性・中立性・専門性を確保するため、第三者委員会の設置が検討されることとなります。

　第三者委員会は、企業等から独立した委員のみで構成され、徹底した調査を実施した上で原因を分析し、必要に応じて具体的な再発防止策等を提言する役割を担います。しかし、これはあくまでも経営者自身のためではなく、企業を取り巻くすべての利害関係者のために調査を実施することを目的としています。

　このガイドラインは、第三者委員会の委員に選任された弁護士が、依頼企業等からの独立性を確保して厳正な調査を実施するためのベストプラクティスを取りまとめたものとされています。

214

第3節　不祥事対応に係るプリンシプルと各種ガイドライン

ところが近年では、第三者委員会による調査の実施について、単に形式的に第三者委員会を整えて客観的な調査実施を装うケースも散見されます。典型的なケースとしては、経営者が不正・不祥事に深く関与しているにもかかわらず、経営者自らが中心となって委員を選任した第三者委員会が経営者の利益にかなう報告書を作成し、これを「第三者委員会報告書」として公表しているものです。

本章の冒頭で取り上げたプリンシプルでは「第三者委員会という形式をもって、安易で不十分な調査に、客観性・中立性の装いを持たせるような事態を招かないよう留意する」と記載されていることから、この問題については明確な危機意識と警告がなされていることが読み取れます。

今後、第三者委員会を設置した場合には、その構成員が十分に独立性・中立性・専門性を備えているメンバーであるかということについて社会からの関心が寄せられることは自明ですので、調査委員の選任にあたっては、調査の独立性・中立性・専門性を確保するために十分な配慮と手続を行う必要があります。例えば、上場企業でいえば独立役員（一般株主と利益相反が生じるおそれのない社外取締役または社外監査役）や監査役会がリーダーシップを発揮し、委員の選任をリードすることが非常に重要なポイントとなります。

3　公益社団法人日本監査役協会「監査役監査基準」[*3]

① 概要

監査役監査基準は、法的要請への対応に留まらない「内外から評価される監査実務のあり方」「責任の取れる監査のあり方」を目指し、「企業不祥事の防止」および「健全で持続的な成長を確保・担保すること」が監査役監査の基本責務であるとして、この責務を果たすために参照

---

*3　http://www.kansa.or.jp/support/el001_150731_2_1a.pdf

第 8 章　不正・不祥事への対応と内部監査

すべき基準として設定されています。

② 　内部監査部門への示唆

　2015 年 5 月に改正会社法および改正会社法施行規則等が施行され、同年 6 月にはコーポレートガバナンス・コードが適用開始されました。そこでは、取締役会の監督機能の向上および監査の実効性確保が示されているほか、監査役等による能動的な行動が求められています。

　これを受けて監査役監査基準では、不正・不祥事発生に伴う損害拡大防止や説明責任等の観点から、取締役が善管注意義務に則って適正かつ抜本的に対応しているのかについて監査役が監査を行う旨が規定されています（第 27 条第 1 項）。なかでも、経営者等が関与するなどの重大な不正・不祥事には、原因究明や再発防止等の策定にあたり、会社の自浄作用が迅速に発揮されているかといった点について監査を実施することを求めています。

　また、利益相反のない徹底した原因究明と再発防止等を検討する第三者委員会の設置等について、監査役が主導的役割を果たす必要があるとしています。例えば、必要があれば監査役会において協議の上、社外監査役等が自ら第三者委員会を立ち上げることも検討されるべきとしています（同条第 2 項）。

　この場合に、監査役が第三者委員会の委員に就任し、会社に対して負っている善管注意義務を前提に他の弁護士等の委員と協働してその職務を適正に遂行することとしています。

④ 　日本公認会計士協会会長通牒「公認会計士監査の信頼回復に向けた監査業務への取組」（2016 年 1 月）[*4]

① 　概要

日本公認会計士協会は、2016 年 1 月 27 日付けで「公認会計士監査の

＊4　http://www.hp.jicpa.or.jp/ippan/jicpa_pr/news/post_20160123.html

第3節　不祥事対応に係るプリンシプルと各種ガイドライン

信頼回復に向けた監査業務への取組」を会員向けの会長通牒として公表し、公認会計士監査の信頼回復のために特に留意する事項を示し、真摯に監査業務に取り組むことを指示しました。

② 　内部監査部門への示唆

昨今の度重なる会計不祥事は会計監査の信頼性を揺るがすものであり、コーポレートガバナンスにおいて重要な役割を担う監査人（公認会計士）および公認会計士監査に対しても信頼回復に向けた取組みが求められています。

内部監査部門は、自社における不正リスクや経営者による内部統制の無効化・リスクを評価するにあたり、会計監査人と連携し、内部統制の整備・運用状況やその他の問題点、経営環境に関する各種のリスク等について意見交換することにより、内部統制上の問題点や改善点等に関する情報を入手することができ、内部監査を効果的かつ効率的に実施することが可能となります。

特に、内部監査部門が監査委員会等の職務を補助すべき使用人としての役割を担っている場合、このような会計監査人との連携が監査委員会と会計監査人とのコミュニケーションの一環としてコーポレートガバナンスの観点からも重要な意義を持つことになります。

5 　COSO「内部統制の統合的枠組み」（Internal Control Integrated Framework）（2013 年）[*5]

① 　概要

2013 年に、米国トレッドウェイ委員会組織支援委員会（COSO）は内部統制に関する報告書の全面的な見直しを図り、「内部統制の統合的枠組み」（Internal Control Integrated Framework）の改訂版を公表しました。

この枠組みにおいて新たに示されたのが内部統制の構成要素に関連

---

*5 「内部統制の統合的枠組み」の改訂版およびその関連文書は www.coso.org で入手することができます。

217

第8章　不正・不祥事への対応と内部監査

する「17の原則」であり、「リスク評価」構成要素の中に「組織体の目的に関連するリスクの評価における不正の可能性の検討」が設けられました。

② **内部監査部門への示唆**

不正・不祥事対応に対する関心の高まりは日本国内だけのことではありません。この内部統制の統合的枠組みは内部統制の基本的な考え方として米国をはじめ広く国際的に利用されているものであり、米国SOX法における内部統制評価においても多くの企業がこの枠組みを利用しています。このことから、グローバルな事業活動を展開する日本企業においても不正リスクへの手当ては必須であり、今後、自社で不正は発生しないという前提ではなく、不正は必ず発生するという前提のもとでその対応シナリオを平時から備えておく必要があるといえます（COSOでは、「内部統制の統合的枠組み」の他、2016年9月にACEFと共同で「COSO and ACEF Fraud Risk Management Guide（不正リスク管理指針（2016））」を公表しています[6]）。

＊6　http://www.coso.org/documents/coso-Fraud-Risk-Management-Final-92816.pdf

第 **4** 節

不正・不祥事対応における
内部監査の貢献

1．不正調査における内部監査部門への役割と期待

[1]　特別監査による調査

　内部監査部門が、内部監査を実施する過程で不正・不祥事の兆候を察知した場合、その事実の有無や内容の確認のために特別監査の一環として更なる調査を行うことがあります。

　不祥事の原因究明にあたっては、必要十分な調査範囲を設定の上、表面的な現象や因果関係の列挙にとどまることなく、その背景などを明らかにして事実認定を確実に行い、根本的な原因を解明するように努めなければなりません。

　ただし、上場企業では決算発表の遅れが上場廃止につながりかねないことから、必ずしも調査に十分な時間をかけることができない場合も想定されます。

　このようなときは、迅速かつ効率的な調査を実現するために、内部監査部門の担当者が自ら調査を実施すべきか否かについて、不正・不祥事の内容や監査スタッフの人数および内部統制の構築状況を検討する必要があります。

　内部監査部門が自ら調査を実施することに限界がある場合には外部専

219

第 8 章　不正・不祥事への対応と内部監査

門家などの助言を受けたり、第三者委員会などの組成を上申したりする
必要があることも考慮に入れることが重要です。

［2］　監査役会・監査委員会による調査

　監査役や監査委員会が不正調査を実施する場合には、初動対応の一環
として執行部門である内部監査部門に対して調査実施依頼がなされる
ケースも多くあります。ただし、不正調査の対象が経営者による不正で
ある場合、内部監査部門は経営者の指揮命令下にある執行内部の組織で
あることから、内部監査部門が独立性を有する組織とはいっても経営者
の影響を受けて調査活動が遅延し、不正の実態解明が阻害されるおそれ
があります。

　このように内部監査機能を正常に発揮させることが困難であると判断
したときは、監査役主導の調査委員会や外部調査委員会などに調査を依
頼するよう監査役等に要請することも、内部監査のプロフェッショナル
として求められる行動といえるでしょう。

［3］　調査のアプローチ

　不正調査の実施にあたっては、情報の収集と分析過程で不正に対する
仮説を構築し、当該仮説を検証するアプローチの採用が実態解明に役立
ちます。不正に対する仮説の構築を立案した後に当該仮説が有意である
か否かを判断するための調査手続を適用することになりますが、その場
合には、不正の手口に鑑みて有効な検証手続を選択し、適用することが
重要です。

　このとき、通常の内部監査においては証明力の高い証拠を入手できる
監査手法であったとしても、時に証拠書類の偽造や共謀を伴う不正の調
査においては有効な検証手続とはならない場合もあることから、不正の
手口に係る仮説検証のための監査手続が有効であるか否かについては慎

220

第4節　不正・不祥事対応における内部監査の貢献

重に検討しなければなりません。

　このような一連の不正調査業務の概念や留意事項については、前述の「不正調査ガイドライン」（日本公認会計士協会）に体系的に取りまとめられているので、不正調査の品質向上のためにも一読をおすすめします。

2. 再発防止策における内部監査部門への役割と期待

[1]　再発防止策の意義

　不正調査を実施した後に策定する再発防止策は、根本的な原因に即した実効性の高い対策であり、また、迅速かつ着実に実行されなければなりません。不正の範囲が網羅的に検証できていない場合や、不正の原因分析が不十分である場合、再発防止策が根本的な原因に対応するものではない場合には、調査実施以降においても同様の不正・不祥事の再発を招きかねません。重大な不正・不祥事が連続したり、深刻な法令違反などを短期間に繰り返したりすれば行政処分や重大事故の発生を招き、企業にとっても命取りになりかねません。

　したがって、再発防止策は組織の変更や社内規則の改訂だけにとどまらず、再発防止策の主旨が日々の業務運営などに具体的に反映され、組織メンバーに浸透することが極めて重要です。内部監査部門は、この再発防止策がその目的に沿って運用され、組織に定着しているかを十分に検証し、是正する役割を担っています。

[2]　再発防止策のモニタリング

　不正調査が終了した後の一定期間においては、内部監査部門が自ら聞き取り調査や関連資料の閲覧などを実施し、執行部門の対応が適切であるかを検証する必要があります。

　必要があれば、社内の役職員に対して、今回の不正・不祥事の深刻さ

221

第8章　不正・不祥事への対応と内部監査

や再発防止策の重要性について啓蒙する必要があるかもしれません。また、主管部門が自身の業務を職員に自己点検させる場合には、内部監査部門としてその点検方法や点検内容、発見事項の取扱いとそのフォローアップの状況についてモニタリングを実施する必要があります。この場合であっても、内部監査部門として独自の検証を行い、内部監査部門が確認した監査結果と自己点検報告との間に齟齬がないことを検証する方法も有効です。

　不正・不祥事から得た教訓は、それらが発覚してから時間が経つほどに風化してしまうものです。内部監査部門は、時間が経過してもなお、企図した再発防止の目的が業務運営に活かされ、手続が引き続き実行されているかについて改めて検討する必要があります。例えば過剰な対策を講じたことで執行部門の業務負荷が過大となっていないかなどの面から再発防止策の適切性や有効性がPDCAサイクルに則って継続的に評価され、改善されているかについて検証することが主な役割となります。

3．平時における備えと心がけ

[1]　リスクカルチャーの醸成とディフェンスラインの連携強化

　不正・不祥事を起こさない、もしくは不正・不祥事の兆候を組織として気づいて対応するためには、単に方針や手続きを作成することのみに終始せず、「適切な人が適時に適切なことを実行する」企業文化（リスクカルチャー）を作り上げることが不可欠です。

　ここで重要なことは、リスク管理の動機付けと奨励を行う企業文化の醸成であり、このような文化の実現のために、内部監査部門は、これまで以上に企業における各機能とリスク情報のコミュニケーションを図って、多様な価値観やモノの見方を共有し、リスクの適切なマネジメントを図る役割を担っていく必要があります。

第4節　不正・不祥事対応における内部監査の貢献

　このようなリスク・コミュニケーションを基礎としたリスクマネジメントの形態が「3つのディフェンスラインモデル」(第1章の**図表1-2-1**参照)です。内部統制において「モニタリング」機能を担う内部監査の重要性を強調し、現業部門の管理者による第1のディフェンス、間接管理部門による第2のディフェンス、内部監査部門による第3のディフェンスが相互に連携を行い、3つの各「ライン」は組織の広範なガバナンスフレームワークの中で異なる役割を担い、それぞれが割り当てられた役割を有効に果たすことで、重大なコントロールの機能不全に陥る可能性が低くなります。このようなリスクカルチャーの醸成と3つのディフェンスモデルにおける連携強化が、不正・不祥事を起こさない、見過ごさない企業風土を作り上げることができます。

[2]　監査計画時リスクアセスメントへの不正事例の反映

　内部監査部門は、年度監査計画の策定にあたって、リスクアセスメントを実施し、様々なリスクの発生可能性、頻度、影響度を勘案して重要な監査リスクを特定します。不正リスクをこの監査リスクに反映する場合には、同業他社などにおいて発生した不正事例を参照し、自社においても同様の内部統制の弱点がないかを検証し、監査計画に反映することも有益な方法です。

[3]　主要リスク評価指標を活用した国内外の事業所の継続監査・継続モニタリング

　昨今は企業が新興国への事業展開を積極的に進めていますが、各国の法令や会計基準、慣習や国民性にいたるまで様々なリスクが存在することから、それぞれの国や地域における固有のリスク状況を十分に把握した上でそれに対応したリスク管理の枠組みを構築していく必要がありますしかしながら、海外のグループ経理管理は地理的・制度的、さらに遠

223

第 8 章　不正・不祥事への対応と内部監査

隔性から、日本の親会社が直接コントロールすることが困難な場合が多くあります。そこで親会社は現地における経営権限と責任を海外子会社に委譲することになりますが、一方で権限委譲に伴うモニタリングの仕組みが不十分であったことから、海外子会社において不正・不祥事が発生する事例も多くなっています。

　海外におけるグループ会社のリスク管理のアプローチには様々な手法が提起されていますが、その基本は、各子会社の業務において想定されるリスクを把握し、その発生可能性はどの程度か、発生した場合の影響はどの程度かについてアセスメントを実施した上で、重要なリスクについては主要リスク評価指標に基づいて、事業部門や内部監査部門などが継続的にモニタリングを行うことにあります。

　内部監査部門が、この主要リスク評価指標の推移や異常値をモニタリングすることによって、遠隔地の海外子会社や国内拠点における不正リスクの増大を適時に検知し、不正・不祥事の顕在化をいち早く察知して適切な対応を行うことが可能となります。

224

第9章

持続的な企業価値創造の
開示・対話と内部監査

本章の狙い

- 企業価値創造の開示と対話をめぐるメガトレンドを理解し、「統合報告」に対する注目の高まりや、内部監査部門の貢献を理解する。
- 非財務情報、特に ESG 情報等に関する内部監査部門の貢献を理解する。
- 中長期経営計画に対する内部監査部門の貢献を理解する。
- ダイバーシティ経営に対する内部監査部門の貢献を理解する。

第 1 節

ディスクロージャー・イノベーション
―企業報告をめぐるメガトレンド

1．企業価値をめぐる考え方の見直し

　リーマンショックに端を発した世界的な金融恐慌はなぜ起こったのか。そして、その再発を防止するためには何をすればよいのか。こうした議論が世界的に起こり、多くの新しい挑戦が行われています。その中の大きな動きの１つが、企業価値をめぐる考え方の見直しです。

　企業価値を考える際には、単に短期的な財務価値のみを含めるのではなく、財務価値では表せない非財務価値を念頭に入れた上で、中長期的な時間軸も視野に入れる必要があります。

　中長期のことは、（短期的な見通しに比べれば）誰もが予想するのは困難です。しかし、そのような状況下でも企業価値を創造するための戦略や、新しい挑戦を促す仕組み、不確実性に対応するリスクマネジメントなど、持続的な企業価値創造が実現できるストーリーを経営者が示すこと、投資家や他の利害関係者と積極的に対話を行うことで、継続的に改善を続けていく（試行錯誤を繰り返して相互の価値観を理解する）ことが重要なのではないかという考え方が注目を集めています。いわば経営者も投資家も、インベストメントチェーン全体の視点から、改めて持続可能な姿とは何かを問い直しはじめているといえるのかもしれません。

2. 企業報告をめぐるメガトレンドへの挑戦

企業価値に対する考え方の変化やITの急速な発展を受けて、近年、図表9-1-1に示すように、企業報告をめぐる世界的なトレンドの変化が起こりつつあります。「一方的な開示」から「双方向への対話」へのシフト、「財務報告編重の開示」から「財務・非財務のバランスのとれた開示」へのシフト、多くの情報を闇雲に開示する「More Reporting」から短期・中長期の財務・非財務情報をバランスよく簡潔に開示する「Better Reporting」へのシフトなど、企業報告の役割が大きく変わろうとしています。

図表9-1-1　企業報告をめぐるメガトレンド

作成：PwC

第9章 持続的な企業価値創造の開示・対話と内部監査

3．ディスクロージャー・イノベーションへの切符

　こうしたメガトレンドは、企業の価値創造にも影響を与えています。図表9-1-2に示すとおり、社内外の利害関係者との開示・対話が充実することで、企業経営そのものに新しい刺激とイノベーションがもたらされ、企業価値を持続的に高めていく好循環へのシフトが模索されはじめているのです。開示（ディスクロージャー）の仕方そのものにイノベーションを起こすだけでなく、新しいディスクロージャーに基づく利害関係者との対話を起点に、企業経営自体にイノベーションを持ち込んでいく、いわゆる「ディスクロージャー・イノベーション」への挑戦です。

　企業経営者の視点からは、どうすればより多くの利害関係者に、より的確に自社の真の企業価値やその持続的な成長の確かさを理解してもらえるのか、また、投資家の視点からは、どうすればより持続的で高水準の企業価値創造を達成する企業に投資し続けることができるのか、企業経営者と投資家が、時間軸を合わせて企業価値を共創する時代がはじまっています。

図表9-1-2　ディスクロージャー・イノベーション　開示と対話による企業価値の創造サイクル

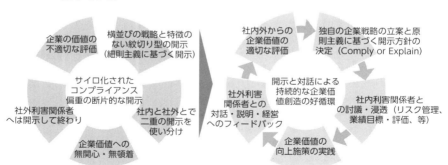

注：経済産業省「平成23年度総合調査研究　持続的な企業価値創造に資する非財務情報開示のあり方に関する調査　報告書」をもとにPwC作成

第 2 節

統合報告と内部監査

1. 統合報告をめぐる動向

[1] 統合報告とは

　ディスクロージャー・イノベーションの具体的な動きの1つに、短期・中期・長期の財務・非財務情報を価値創造ストーリーとして整理・開示する「統合報告」があります。2013年には国際統合報告評議会（IIRC）より「国際統合報告フレームワーク」が公表され、世界的に統合報告の利用が活発化しつつあり、日本においても統合報告の活用が拡大してい

図 9-2-1　国内自己表明型統合レポート発行企業数の推移

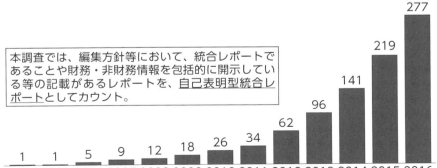

出所：企業価値レポーティング・ラボ「国内自己表明型統合レポート発行企業リスト 2016 年版（2016 年 10 月末現在）」

第9章　持続的な企業価値創造の開示・対話と内部監査

ます。また、2016 年 10 月末時点では、277 社の日本企業が統合報告書、またはそれに類するレポートを公表しています（**図表 9-2-1** 参照）。

[2]　統合報告に寄せられる期待

統合報告には様々な期待が寄せられていますが、企業価値との関わりでは、主に以下の 3 点が重要であると考えられます。

1　非財務情報の活用

従来、企業の市場価値（株価）を決定していた要因は、「物的・財務的資産」（いわゆるモノ・カネ）が中心でした。しかし近年、その割合は著しく減少しています。S&P500 の対象である企業の時価総額と財務報告上で認識・測定されている物的・財務的資産の価値との比較を約 35 年分トレースした調査によれば、現在では、市場価値の 8 割以上は人材や知的資本といった「その他の資産」（会計上の資産ではないものも含む）が企業価値評価に大きな影響を与えていることが示唆されています（**図表 9-2-2** 参照）。

2014 年の IIRC（国際統合報告評議会）の「国際統合報告フレームワーク」[*1] では、6 種類の資本（Capitals）という概念を用いて企業価値を説明しています。この中でも特に「財務資本」「製造資本」以外の資本をどのように企業経営に活用していくか、そして、それらの資本に関連する非財務情報をどのように経営に活かし、開示・対話を行うかが、企業価値創造の上で重要な役割を果たすと考えられます。

2　持続的な価値創造のストーリーと経営の質の透明性

短期的な利益の確保にとどまらず、中長期的な価値創造のために、企

---

*1　IIRC「国際統合報告フレームワークの日本語訳」
　　http://integratedreporting.org/%e5%9b%bd%e9%9a%9b%e7%b5%b1%e5%90%8
　　　8%e5%a0%b1%e5%91%8a-%e3%83%95%e3%83%ac%e3%83%bc%e3%83%
　　　a0%e3%83%af%e3%83%bc%e3%82%af-%e6%97%a5%e6%9c%ac%e8%aa%
　　　9e%e8%a8%b3/

第2節　統合報告と内部監査

図表 9-2-2　市場価値の構成要素と 6 種の資本

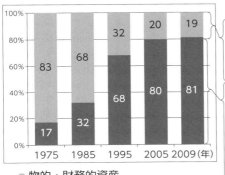

S&P500における市場価値の構成要素
- 物的・財務的資産
- その他の資産
  （会計上の資産ではないものも含む）

統合報告における資本の分類

分類	具体例
財務資本	現金、有価証券
製造資本	建物、設備、インフラ（道路、港湾、橋梁、廃棄物および水処理工場等）
知的資本	ソフトウェアやライセンス等の知的財産権、暗黙知等の「組織資本」
人的資本	人々の能力、経験およびイノベーションへの意欲
社会・関係資本	組織が築き上げてきたブランドおよび評判に関連する無形資産
自然資本	空気、水、土地、鉱物および森林、生物多様性、生態系の健全性

注：IIRC「統合報告に向けて　21世紀における価値の伝達」（2012年）および「国際統合報告フレームワーク」（2013年）をもとに PwC 作成

業としてどのような戦略を描き、どのようなガバナンスのもとで、どのように事業機会とリスクを管理しているのか、経営の質の透明性や持続的な価値創造のストーリーを表現するツールとして統合報告が活用されています。特に、将来に向けて企業が持続的に成長していくためには、なぜ、どのようなタイミングでどのような投資を行い、付随する不確実性をどのように管理しているかが、企業価値を判断する際の重要な要素の1つとなっています。

3　社内外の利害関係者とのコミュニケーションの強化　―企業報告の長文化と複雑化

　日本の上場企業の場合、会社法（事業報告および計算書類）や、金融商品取引法（有価証券報告書等）をはじめとする強制的な制度開示に加え、企業によっては多様化する利害関係者への対応として、アニュアルレポー

231

第9章　持続的な企業価値創造の開示・対話と内部監査

ト、CSR 報告書、サステナビリティレポート、知的資産報告書などの様々な任意開示を行っています。これらの開示は、一般的には既存の開示に利害関係者からの新しい要求に応じた開示を追加することで行われるため、開示内容の整理と削減がされないまま、内容が長文化する傾向があります。加えて、様々な種類の開示を別々の部署が担当することが多いことから、開示内容やメッセージにブレが生じ、内容が複雑化します。

　このため、かえって企業が伝えたいこと、伝えるべきことが不明瞭になってしまっていることから、企業の情報を簡潔に共有し得る道具として統合報告が活用されています。

　統合報告書の想定読者は必ずしも投資家だけではありません。例えば、海外従業員を最も重要な利害関係者として位置付け、企業のミッション・ビジョン・経営戦略などを海外従業員と共有することを主眼として、統合報告書を作成・活用している企業もあります。

2．統合報告と内部監査への期待

　統合報告の広がりを受けて、内部監査部門に寄せられる期待も変わりつつあります。

　IIRC は 2014 年に統合報告の保証（アシュアランス）に関するコメント募集を行い、翌年 7 月に「Assurance on <IR> Overview of feedback and call to action」を公表しました。この文書の中では、統合報告に対する保証のための有効な仕組みとして、内部監査人協会（IIA）が公表した 3 つのディフェンスライン（第 1 章の**図表 1-2-1** 参照）が取り上げられています。

　この IIRC の文書に対しては、内部監査の重要性をさらに強調すべきであるというコメントも寄せられています。統合報告への取組みに際しては、統合報告書（成果物）を作ることに注力しがちですが、その取組みの有効性を高めるためには、そもそも企業価値に重要な影響を与える要素は何かを特定した上で、社内の重要な意思決定が、短期・中期・長期に

232

わたる財務・非財務の要素をバランスよく加味して行われているか、すなわち、統合思考に基づく意思決定が定着しているかが重要な鍵を握ります。

また、信頼性の高い重要な財務・非財務情報が、適時に生成・収集・分析・活用・共有されているかどうかも、確かめておきたいポイントです。

内部監査部門に対しては、財務・非財務情報が生成され共有されるまでの業務プロセスにおける内部統制の有効性の確認や、意思決定に利用される情報の網羅性・正確性・信頼性などの確保といった役割が期待されています。

なお、IIRC の文書では、保証提供者に必要となる資質についても言及しています。この中で特に「F. 価値創造プロセスの理解」に関しては、統合報告に対する保証に固有の資質であることが指摘されています。具体的には、6種類の資本からどのように価値が創造されているのかを全体的な視点から理解する能力とされています。

■統合報告の保証提供者に求められる資質

A. 保証業務のスキルと経験
B. 保証の対象についての知見
C. ソフトスキル
D. 倫理観
E. 業種固有の経験
F. 価値創造プロセスの理解

●　●　●　●　第 **3** 節

ESG 情報と内部監査
―非財務情報に係る業務プロセスと内部統制監査

1．ESG 情報の意義

　統合報告の考え方の浸透と合わせて、最近、企業経営者・投資家の双方
から改めて注目を集めている非財務情報が「ESG 情報」（E = Environment：
環境、S = Society：社会、G = Governance：ガバナンス）です。

　ESG 情報は、統合報告の議論より前から欧州を中心に注目されてきた
非財務情報の１つです。近年では、業種別の重要業績評価指標（KPI）を
検討・開示している米国のサステナビリティ会計基準審議会（SASB）も、
KPI の１つとして ESG 情報を設定しはじめるなど世界的に注目が高まっ
ています。わが国においても**図表 9-3-1** のとおり、近年は ESG 情報をめ
ぐる議論・取組みが活発化しています。

2．ESG 情報と企業価値との関係

　開示された ESG 情報は、様々な格付け機関によってレーティング、あ
るいはスコア化されています。**図表 9-3-2** は ESG スコアの高い銘柄群の
株価指数と、TOPIX および TOPIX500 を比較したグラフです。長期的な
視野に立った場合、ESG スコアの高い銘柄の株価指数は、TOPIX や
TOPIX500 を上回る結果となっています。

　ESG 情報と企業価値との関係は、様々な形で議論され、諸説あるものの、

第3節　ESG情報と内部監査

図表 9-3-1　ESG情報をめぐる主な議論・取組み

> ・多数のESG研究会・検討会の発足
> 　― 企業価値分析におけるESG要因研究会（日本証券アナリスト協会）
> 　― 年金積立金管理運用独立行政法人（GPIF）におけるスチュワードシップ責任お
> 　　よびESG投資のあり方についての調査研究業務
> 　― 国内株式を対象とした環境・社会・ガバナンス指数の公募（GPIF）
> 　― 持続的な価値創造に向けた投資のあり方検討会（経済産業省）
> 　― 持続的成長に向けた長期投資（ESG・無形資産投資）研究会（経済産業省）
> 　― 環境配慮経営、21世紀金融行動原則　等（環境省）
> ・「競争戦略としてのダイバーシティ経営（ダイバーシティ2.0）のあり方に関す
> 　る検討会」（経済産業省）
> ・各種の格付け機関によるESGレーティングの公表
> ・ダイバーシティ経営100選等の表彰（経済産業省）
> ・機関投資家等によるESG分析や投資銘柄への反映
> 　― 東証のテーマ銘柄の公表や表彰
> 　― 国内外の機関投資家によるESG投資
>
> 　　　　　　　　・ESG（銘柄）
> 　　　　　　　　・特許価値（銘柄）
> 　　　　　　　　・なでしこ銘柄
> 　　　　　　　　・健康経営銘柄
> 　　　　　　　　・上場会社表彰制度

作成：PwC

一例をあげると以下のとおりです。

① E（環境）

　中長期目線で見た地球温暖化や気候変動、水不足などに対するアクションの1つとして、企業レベルやサプライチェーン全体で環境負荷を最小化しつつ事業活動を行うことができる企業は、中長期的に持続可能であり、この点でEが弱い他の企業よりも企業価値を高く評価できます。

　また、環境負荷の最小化に貢献できる製品・ソリューションを提供し続けられる企業は、社会課題の解決への貢献が期待されるため、中長期的な価値創造の確実性が高い点でも、Eが弱い他の企業よりも企業価値を評価できます。

② S（社会）

　人権に配慮した上で、様々な社会課題に積極的に対応している企業は、

235

第9章 持続的な企業価値創造の開示・対話と内部監査

図表 9-3-2　株価指数の比較

（参考）ESG 銘柄インデックスの試算
ESG の観点からの投資の一例として、ESG スコアの高い銘柄群に投資した際のパフォーマンスを試算したものが以下のグラフとなります。
東証市場第一部銘柄を業種および大型株／中小型株に分類した上で、各区分から 2012 年 5 月時点の ESG スコアが高かった銘柄を抽出して作成した 100 銘柄のポートフォリオが、過去 5 年間に示していた動き※を TOPIX および TOPIX500（TOPIX 構成銘柄のうち時価総額・流動性が大きい 500 銘柄で構成される指数）と比較しています。
（比較のため、2007 年 4 月 2 日を 100 としたときの推移としてグラフを作成しています。）

※ 通常の株価指数と異なり、過去 5 年間の上場・上場廃止企業や ESG スコアの変更等の状況を考慮していないため、通常の指数の推移と異なる可能性があります。

出所：東京証券取引所グループ　テーマ銘柄「ESG で企業を視る」（2012 年 7 月）

世界中の国や地域での事業活動をスムーズに遂行・展開することでき、中長期的に持続可能であり、この点でSが弱い他の企業よりも企業価値を高く評価できます。

3　G（ガバナンス）

実効性が高いガバナンスを実現できている企業は、外部環境の急速な変化に迅速に対応することができる上に、多様な考え方・アイデアを受

第3節 ESG情報と内部監査

け止めてイノベーションに挑戦することができます。したがって中長期的に持続可能であり、この点でGが弱い他の企業よりも企業価値を高く評価できます。

　また、取締役会のダイバーシティが進んでいる企業は、そうでない企業よりもリスク感度が高く、過去の成功体験や社内に内在する思い込み・思考の偏りに影響を受けることなく企業経営を行うことができるため、各種の投資や事業成長に関する不確実性が低くなります。その結果、企業価値の将来変動に関わるボラティリティ（価格の変動性）が低くなるため、Gが弱い他の企業よりも企業価値を高く評価できます。

3．ESG情報と内部監査

　ESG情報をはじめとする非財務情報は、財務情報と比較して必ずしも信頼がおけるものではないという課題もあります。財務情報の場合であれば、金融商品取引法や会社法により会計監査の制度が整備されているため、その信頼性は担保されていると考えられます。これに対して非財務情報の場合は、その信頼性を担保する制度や仕組みは、必ずしも十分に整備・活用されているとはいえません。

　このような状況において、ESG情報の信頼性を担保する仕組みの1つとして、いかに適切にESG情報を選定・開示し、自社のESGスコアを高め、適正な企業価値評価につなげていくかという視点から内部監査を実施する「ESG監査」に対する期待が寄せられています。

　ESG情報は、開示制度が整備された財務情報とは異なり、すべての企業に対して共通のものではなく、業種業態、ビジネスモデルや各社個別の事情により異なります。このため、内部監査の計画に際しては、ESG情報の開示項目が企業の戦略や方針と整合しているか、顧客やクライアントに対して提供している価値と関連性を有しているかなどの点から、内部監査の対象とすべきESG情報項目を絞り込みます。

237

第9章　持続的な企業価値創造の開示・対話と内部監査

また、個別の情報項目だけでなく次のような視点から ESG に関連する全社的な取組み体制が適切に整備・運用されているかを理解・確認することも重要です。

①　全社的リスクマネジメント（ERM）は適切に構築・運用されているか。

②　企業のビジネスモデルに合った指標（主要業績評価指標や主要リスク指標）を選定できているか。

③　選定された指標を用いて評価が行われ、モニタリングされているか。

④　評価結果に対する対応は十分か。

その上で、E（環境）、S（社会）、G（ガバナンス）のそれぞれの個別の情報について、情報の生成から開示にいたる業務プロセスや IT の活用状況などを理解し、関連する内部統制の有効性や開示情報の正確性などを確かめます。参考として**図表 9-3-3** に具体的な事例を示します。

図表 9-3-3　ESG 情報に対する内部監査（例示）

E（環境）	S（社会）	G（ガバナンス）
・環境方針・目標の策定および進捗状況 ・製品安全性確保の方針の策定、および製品の安全性に関わる情報開示の状況 ・CO_2 排出量、エネルギー消費量、廃棄物排出量等の削減目標の策定および進捗状況　等	・職場環境の状況（例：設備の自主点検検査の頻度、ヒヤリハット件数、作業環境測定結果、社内相談窓口の利用件数） ・取引先の行動基準の策定・締結の状況（児童労働・強制労働の禁止、環境保全、公正な商取引）　等	・グループポリシーの浸透施策およびその浸透の程度 ・海外従業員とのコミュニケーションの頻度 ・内部・外部通報制度の利用状況（制度の認識、件数、対応の状況） ・コンプライアンス違反内容に係る通報ルート、対処ルール等の策定、ルールに従った処分の実施状況　等

作成：PwC

第 3 節　ESG 情報と内部監査

　なお、ESG 情報に対する内部監査を実施する際には、E については環境監査部門や ISO 所管部門、S については人事部門や安全衛生労働部門、G については監査役会およびそのスタッフ部門などとも連携を密にするとともに、ESG 情報全体の開示のあり方について、CSR 部門や IR 部門、経営企画部門とも連携することが効果的です。

第 **4** 節

年度を超えた中長期経営計画に対する内部監査への挑戦

1．中長期経営計画の意義

　多くの日本企業は一般的に、約3〜5年の中期事業計画を、また、それ以上の期間については長期経営計画（または長期経営ビジョン）を策定しています。これらは企業が持続的な価値創造を通じて自社の掲げる企業理念を実現し、目標達成に向けて事業を進めていくための持続的な価値創造のための航海図や羅針盤となるものです。

　中長期経営計画は、経営者や従業員にとって、未来の姿を具体的に共有し、重要な意思決定を行う基礎として不可欠なものです。また、社外の利害関係者や中長期の投資家にとっても、将来的な企業価値を見定めるために必要となる基礎情報としての役割を果たしています（**図表9-4-1**参照）。持続的な企業価値創造の重要性が世界的に注目されている中で、中長期経営計画の策定や活用の方法が脚光を浴びています。

2．中長期経営計画と内部監査

[1]　中長期経営計画の内部監査

　一般的な実務として、年度経営計画が四半期単位で予実管理されているのに対して、中長期経営計画は毎年ローリングされた上で3〜5年に1

第4節　年度を超えた中長期経営計画に対する内部監査への挑戦

図表 9-4-1　外部利害関係者からの中長期経営計画に対する視点

作成：PwC

回、抜本的に改訂されることが多いようです。

　中長期経営計画は、予測が困難な将来の事象を取り扱うため、時として計画の合理性に欠けたり、数値目標やリスク管理方針などの具体的アクションや投資判断に有益な情報が希薄化していたりする場合も少なくありません。このため場合によっては、経営者が責任を持ってコミットした事業計画なのか、単に自身の夢や願望を描いただけのブルー・プリントなのかが判別しにくい場合もあります。これに加え、中長期経営計画には様々な固有の課題があります（**図表 9-4-2** 参照）。

　これらの問題点に対しては、**図表 9-4-3** の視点から解決を図ることが中長期経営計画の信頼性を高める上で有益です。内部監査部門が中長期経

241

第 9 章　持続的な企業価値創造の開示・対話と内部監査

図表 9-4-2　中長期経営計画に生じうる問題点

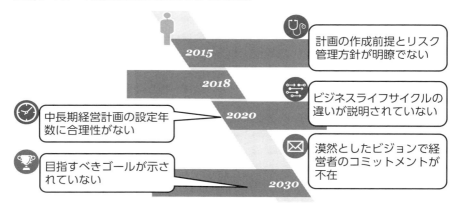

作成：PwC

営計画を監査対象とする場合においては、これらの視点を参考に、中長期的に PDCA サイクルを適切に回すことができているかを確認していくことが有意義です。

[2]　内部監査部門の中長期活動計画の立案

　中長期経営計画においては一般的に、新しく挑戦・投資する事業領域やその逆、つまり一定期間内に撤退する事業領域等が盛り込まれます。

　こうした中長期経営計画に示される企業の方向性をもとに、内部監査部門には、戦略の実現に伴って新しく生じるであろうエマージングリスクの内容や大きさなどを勘案しながら、将来を先読みする形でリスクアセスメントを適切に行い、内部監査計画を立案して実行することが期待されています。同時に、エマージングリスクへの対応などを織り込みつつ、内部監査部門としても中長期活動計画を立案することが有効です。

第4節　年度を超えた中長期経営計画に対する内部監査への挑戦

図表 9-4-3　中長期経営計画の信頼性を高める方策

問題点	解決の視点
計画の作成前提とリスク管理方針が明瞭でない。	・投資モデル、追加投資 / 撤退の検討基準・フレームワークが利害関係者に伝えられているか。 ・戦略の実行に付随する不確実性にどのように向き合うのかという「攻めのリスク管理」が、いかに機能し効果を発揮しているかが利害関係者に的確に伝えられているか。
ビジネスライフサイクルの違いが説明されていない。	・各ビジネスライフサイクルに違いがあること、さらには将来の各時点において、それぞれのビジネスが、どのような構成（ポートフォリオ）となっているかが説明されているか。
漠然としたビジョンで経営者のコミットメントが不在である。	・経営者がコミットすべき各種指標（目標指標、リスク管理指標、業績管理指標）が明示されているか。 ・投資の成果をどのように評価するか、その成果を受けて役員報酬をどのように合理的に計算するかが説明されているか。
中長期経営計画の設定年数に合理性がない。	・中長期経営計画の設定年数が以下のような要素と整合しているか。 　① 経営者の任期 　② 外部の競争環境や技術革新のスピード 　③ 役員報酬の制度設計（例：中長期経営計画の数値目標と役員報酬が紐付いているか） 　④ 買収防衛策の設定年次と発動方法（例：中長期経営計画の期間は買収防衛策を強化させているか）
目指すべきゴールが示されていない。	・経営理念・方針・計画の間に一貫性があるか。
開示と対話において整合性・一貫性がない。	・開示している各種の情報間に整合性はあるか。 ・経営者の主張やメッセージは、時系列に見て一貫性があるか（図表 9-4-4 参照）。

作成：PwC

第 9 章　持続的な企業価値創造の開示・対話と内部監査

図表 9-4-4　経営者の主張、メッセージ軸

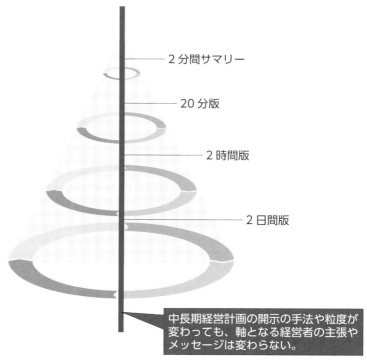

作成：PwC

第5節

ダイバーシティ経営 2.0 への挑戦

1．ダイバーシティ経営とは

国家間および企業間の優秀な人材の争奪戦が、「競争」から「戦争」（タレント・ウォー）と呼ばれるほど激化しています。わが国においては、団塊世代の引退が加速することによる世代交代や海外からの人材の流入加速、AI（人工知能）の実用化、労働人口減少による人材獲得難の過熱など、人材環境に劇的な変化が起こることが予想されています。

このような環境において、企業競争力の礎の1つである人材の獲得・活用のためには、企業の人材が持つダイバーシティを「アセット（価値の源泉）」と位置付けた上で、競争戦略の一環としてのダイバーシティ経営に取り組むことが有効です（**図表 9-5-1** 参照）。

アベノミクスの一環として、いわゆる「ウーマノミクス」や「2030（ニイマルサンマル）」（第3次男女共同参画基本計画に基づき、2020年までに各分野で指導的立場の女性（管理職レベル）を 30％にするという政府公約）に対する取組みが加速する中で、ダイバーシティの意義と価値を見つめ直す動きもはじまっています。

これまでのダイバーシティ経営は、社会課題の解決策の1つとして女性管理職の数を増やしたり、外国人の雇用を増やしたりするなど形式的に数値目標を満たすことが目標とされてきました（ダイバーシティ 1.0）。

245

第 9 章　持続的な企業価値創造の開示・対話と内部監査

図表 9-5-1　タレント・ウォーの勝ち残りを見据えたダイバーシティ経営の位置付け

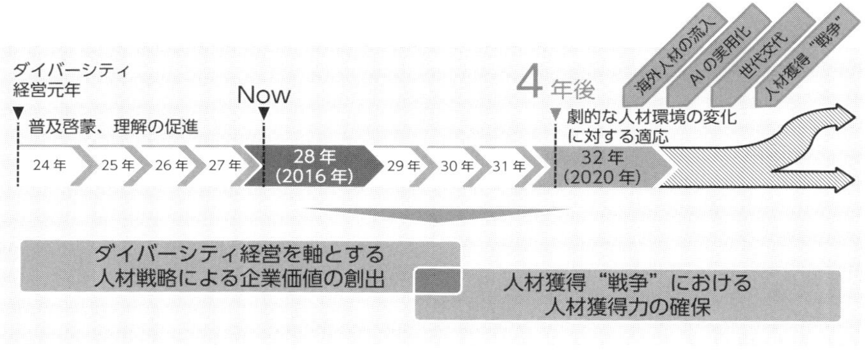

作成：PwC

　しかし昨今では、企業経営者や投資家から評価され続けるダイバーシティのあり方として、取組みを通じて得られる成果や企業価値創造に着目し（ダイバーシティ 2.0）、ダイバーシティ経営自体の PDCA の回し方や利害関係者との実効性の高い対話のあり方が検討されています。

　ダイバーシティを通じて企業価値を高める上では、ジェンダーをはじめ、年齢、国籍、民族、障がいの有無などの多様性を尊重するという狭義の「ダイバーシティ（多様性）」だけでなく、垣根を越えた多彩な人材を長期的に維持し、個人としても組織としても違いを認め、融合し合いながら活躍できる場を提供していく「インクルージョン（受容性）」を両立させることが重要になります（**図表 9-5-2** 参照）。

2．ダイバーシティ経営と内部監査部門の役割

　このようにダイバーシティ経営の推進は、今後、企業がイノベーションを活発化し、既存の価値観や成功体験にとらわれることなく中長期的な価値を創造していく上でなくてはならないものといえます。しかし、実際には経営における意思決定プロセスおよび業務執行における仕事の

246

第 5 節　ダイバーシティ経営 2.0 への挑戦

図表 9-5-2　ダイバーシティとインクルージョンにおける取組み（例示）

ジェンダー	グローバル	障がい者
・女性が生き生きと輝ける場の提供 ・女性の潜在能力の活性化、リーダー育成のための様々なキャリア支援プログラムの実施 ・復職準備セミナーや保育コンシェルジュ、提携保育園等を提供	・グローバル感覚の向上 ・国際的な視野を広げ、多様な文化に触れる機会の提供 ・海外出向制度の実施	・雇用の促進 ・障がいのある職員のための働きやすい環境作り、機会創出 ・障がい者スポーツ支援
柔軟でスマートな働き方 / 両立支援		
すべての職員が、子育て・介護等様々なライフイベントに左右されず、また、固定の価値観にとらわれず柔軟に働ける環境を創出できるよう制度を充実化		

作成：PwC

仕方、業務プロセスに関する様々な問題により、なかなか浸透していないのも実情です。

　内部監査部門としては、監査役会等とも連携しつつ、ダイバーシティ経営による成果が上がらない、または、成果の実現スピードが遅い理由を特定し、その改善を提言することが期待されています。

　具体的には、監査役会との連携のもとで以下のような確認を行うことが重要です。

■ダイバーシティ経営のあり方に関して監査役会等と連携して確認したい視点（例示）

・経営陣はダイバーシティ経営の意義・真価を理解しているか。
・取締役会そのもののダイバーシティはあるか。
・経営戦略上でダイバーシティ経営は重要戦略として位置付けられているか。
・年度経営計画や中長期経営計画と、ダイバーシティに対する取組みとが整合しているか。
・取締役会および監査役会は、ダイバーシティに対する取組みの目標を設定し、適切に指示・指導・監督ができているか。　等

247

第 9 章　持続的な企業価値創造の開示・対話と内部監査

　また、日常の働き方や業務プロセス上の課題に対しては、通常の内部監査を通じて得た知見をもとに、以下のような視点から内部監査を行うことが有益です。

■ダイバーシティ経営のあり方に関して内部監査部門として確認したい視点（例示）

・現場の従業員はダイバーシティ経営について理解しているか。 ・働き方に関して、ライフワークバランスは保たれているか。 ・子育てや介護等のライフイベントについて十分な施策がとれているか。 ・新しい考え方や働き方を受け入れる素地はあるか。 ・優秀な 1 人ひとりの社員が自らのキャリアパスを描き、高い職務満足と創造性の 　もとで勤務できているか。　等

248

第10章

ここからはじめる経営監査への挑戦
―内部監査の変革を成功させるための道のり

本章の狙い

- 経営監査に挑戦する道のりのスタート地点を理解するための手段として、内部監査の外部品質評価について理解する。
- グループ全体の視点から、アシュアランス活動を棚卸する方法の1つであるアシュアランス・マッピングについて理解する。
- 持続的にリスク管理態勢を強化していくための企業風土であるリスクカルチャーを醸成するとともに、リスクレジリエンスを高めるためのポイントを理解する。
- 国内外の内部監査のベストプラクティスから、経営監査の成功のための示唆を得る。

●●● 第 **1** 節

内部監査の外部品質評価

1．内部監査の品質を測る物差し

　内部監査部門は、社内の他部門と比較して、達成することが期待されている役割や目的、活動内容、パフォーマンスレベルなどが社内外から見えにくいのが実情です。そのような内部監査に対して1つの物差しを与えてくれるのが内部監査人協会（IIA）が求める「内部監査の外部品質評価」です。

2．内部監査の外部品質評価とは

　IIAは米国に本拠地を置く組織で、国際的なスケールで内部監査専門職としての啓発活動、内部監査の実務基準の策定や公認内部監査人（CIA）の資格認定などの活動を行っています。

　IIAが公表する内部監査の専門職的実施の国際基準においては、内部監査の品質評価は、誰が評価を実施するかによって、「内部品質評価」と「外部品質評価」の2つに大きく分けられています（**図表10-1-1** 参照）。

　このうち経営監査への挑戦の第一歩として活用できるのが、内部監査の外部品質評価です。これは、組織体外部の適格にして、かつ独立した評価実施者または評価チームが品質評価を行うもので、IIAの日本支部である一般社団法人日本内部監査協会（IIA-Japan）がIIAの基準を踏まえ

250

第 1 節　内部監査の外部品質評価

図表 10-1-1　内部監査の品質評価の体系

＊GC（Generally Conforms：一般的に適合している），PC（Partially Conforms：部分的に適合している），DNC（Does Not Conform：適合していない）
注：IIA 基準等を参考に PwC 作成

て公表している「内部監査基準」（2014 年改訂）では、「4.2.3　外部評価は、内部評価と比較して内部監査の品質をより客観的に評価する手段として有効であるため、組織体外部の適格かつ独立の者によって、少なくとも 5 年ごとに実施されなければならない。」と定めています。

内部監査の外部品質評価においては、内部監査の活動について上記の IIA による基準への適合性を評価するほか、内部監査の有効性・効率性の評価を通じて改善の機会を識別し、内部監査の品質を継続的に高めていくための示唆を得ることに主眼を置いています。

3．内部監査の外部品質評価の価値と効果

内部監査の外部品質評価の価値は、IIA による基準との適合性に着目すると次の 2 つに分けられます。

1　IIA による基準への適合性に注目して内部監査の外部品質評価を活用
　IIA による基準は世界中で広く浸透しており、いわば内部監査のバイ

251

第 10 章　ここからはじめる経営監査への挑戦　―内部監査の変革を成功させるための道のり

ブル的存在となっています。それゆえ、本基準への適合性評価は、グローバルスタンダードに照らして、自社の内部監査にどの程度適合しているかについて明らかにできるほか、海外子会社の内部監査部門の担当者との間におけるコミュニケーションのための共通言語としても有効に機能します。

② 　IIA による基準への適合性には特に注目せずに内部監査の外部品質評価を活用

　前述のとおり、IIA による基準への適合の評価は内部監査の外部品質評価の基礎ではありますが、形式的な適合性のみにこだわって内部監査を実施することだけが、必ずしもあらゆる組織体にとってベストとなる内部監査態勢とはならないこともあります。

　内部監査部門は、それぞれの組織体でその役割・期待などが異なりますので、どのような活動のあり方がその組織体にとって価値を提供するのかは、必ずしも IIA による基準との適合性の結果と直接的に関連しないこともあり得ます。

　こうした点を勘案して、内部監査の外部品質評価の実施およびその結果の活用に際しては、評価対象となる組織のトップの意思決定により、一部の基準に適合しないということを容認した上で、内部監査活動を実施することも選択肢の 1 つです。

＊

　上記の①・②のいずれの場合であっても、内部監査の外部品質評価では、IIA による基準への適合性評価結果や有効性・効率性評価を通じた改善機会を得ることに加えて、次のような各種の付随的効果も期待できるので、その計画段階において外部の評価者とその点について十分に協議した上で評価をスタートさせることが重要です。

第1節　内部監査の外部品質評価

■外部品質評価による付随的効果（例示）

・社内利害関係者が高付加価値であると考える内部監査活動の性質やアウトプットを知る機会となる。
・マネジメントに内部監査部門をどう活用できるかを知ってもらう、考えてもらう機会になる。
・内部監査部門が接点を持つ機会が少ない利害関係者（例：社外取締役、社外監査役等）から内部監査への期待を把握する。
・監査役、会計監査人との連携強化の糸口を得る。
・外圧（外部の評価者）を利用することによって内部監査態勢の変革を促進する。

4．内部監査の外部品質評価の進め方

　PwC の内部監査の外部品質評価の進め方は**図表 10-1-2** のとおりです。内部監査の基準、業界やグローバルにおけるベストプラクティスとの比較を通じた改善機会の識別に加え、利害関係者へのインタビューやアンケートの実施を通じて内部監査に対する期待ギャップの特定が可能になります。

図表 10-1-2　内部監査の外部品質評価の進め方（例示）

計　画	分　析	評　価	報　告
●内部監査態勢の現状分析 ●外部品質評価計画の策定	●利害関係者分析 ・インタビューの実施 ・アンケートの実施 ●監査プロセス分析 ・監査関係文書の閲覧とヒアリング	●IIA 基準への適合性評価 ●内部監査の有効性・効率性の評価 ●改善提言の策定	●外部品質評価報告書の作成 ●内部監査部門長への報告 ●マネジメントへの報告

作成：PwC

253

第 10 章　ここからはじめる経営監査への挑戦　―内部監査の変革を成功させるための道のり

5．内部監査の外部品質評価結果の開示と対話

[1]　社内における開示と対話

　内部監査の外部品質評価の結果の開示・対話方法には様々な方法があります。一般的には経営トップのみならず取締役会や監査役会・監査委員会、外部品質評価にあたって協力してくれた各部門のトップ等とも共有することが、開かれた内部監査部門へと進化していく上で重要です。

　その際、ただ単に評価結果を共有するだけでなく、評価結果を受けて立案した内部監査部門としての行動計画も共有・説明しておくと、経営者と内部監査部門、内部監査部門と被監査部門との間で、より有意義な対話ができるようになります。

[2]　社外に向けた開示と対話

　内部監査部門は基本的に企業が任意で設置するものであるため、社外の利害関係者への法的な開示は求められないというのが現状です。今後、社外に向けてどのように内部監査部門の取組みを発信していくかについては一層の工夫が求められます。

　社外に向けた開示と対話の取組みの1つの手段としては、既存の開示項目・開示資料の枠組みの中で情報開示を行う方法があります。実務上は、どの程度の具体性を持って開示すべきか、その粒度や内容などのバランスを考えつつ社外の利害関係者が内部監査体制やパフォーマンスレベルを把握・推測しやすいように、人員規模や広く一般に認知されている仕組み（資格、外部品質評価など）を具体的に記載しながら内部監査部門の特色を味つけすることが有効です。

第1節　内部監査の外部品質評価

■有価証券報告書での情報発信（例示）

◉ A 銀行（2015 年 3 月期）

　監査部門は、監査員の専門性向上のために、外部セミナーに積極的に参加させるとともに、公認内部監査人（CIA）や公認情報システム監査人（CISA）などの資格取得を奨励しています。内部監査は IIA の国際基準に適合して実施されており、監査部門は、継続的な内部品質評価に加えて、定期的に第三者機関による外部品質評価を受けることにより、内部監査の高度化に取り組んでいます。

（提出会社の状況　5【コーポレート・ガバナンスの状況等】より一部抜粋）

■コーポレートガバナンス報告書での情報発信（例示）

◉ B 製薬会社（2015 年 6 月）

　コーポレート IA 部は、IIA 基準に沿った定期的な外部評価により、グローバルスタンダードに対応した高品質な監査を実施しています。

（「機関構成・組織運営等に係る事項」監査体制より一部抜粋）

255

第 2 節

● ● ● 第 **2** 節

グローバル・アシュアランス・マップの作成・活用

1. 社内外の環境変化により拡大するアシュアランス活動

[1]　アシュアランスの意義

　事業の多角化、グローバル化が進展する中で、企業のガバナンス、リスクマネジメントに対する社内外の利害関係者の期待に応えるには、国内だけではなく関連各国の法規制や自主規制などの変更や新設に適時に適応する仕組みを構築して運用していく必要があり、そのために、社内の様々な部門がアシュアランス活動を実施しています。

　アシュアランスとは、企業活動の有効性・効率性・適切性などに対して一定の「保証」を与えることです。第1章でも述べましたが、社内のガバナンス体制は3つのディフェンスライン（第1章第2節を参照）で構成されており、事業活動を取り巻く法規制や自主規制などに対応する部門（第1ディフェンスライン）に対して、内部監査部門を含めた様々な部門（第2・第3ディフェンスライン）が、モニタリング、レビュー、チェック、監査などのアシュアランス活動を実施しています。

[2]　アシュアランスマップが必要とされる背景

　アシュアランス活動が拡大する中で、海外を含めたグループ全体の活

第2節　グローバル・アシュアランス・マップの作成・活用

動を会社として把握できずに、誰が、何のために、どのような活動を行っているのかわからないという状況に陥りやすくなっています。

同時に経営者は、会社がリスクに対して十分なアシュアランスが実施できているのかわからない、アシュアランスの対象となる部門が内容の重複する監査を何度も受ける、アシュアランスを提供する部門が、監査計画や監査結果をどの部門と共有したらよいのかがわからないという問題が起きています。これらは企業全体のリスク評価の未熟さとディフェンスライン間の連携不足の弊害ともいえます（**図表10-2-1** 参照）。

こうした課題から、企業全体のリスクに対するアシュアランス活動を一目でわかる形で整理するというコンセプトから生まれたのが「アシュアランスマップ」です。

図表10-2-1　これまでのアシュアランス活動の弊害

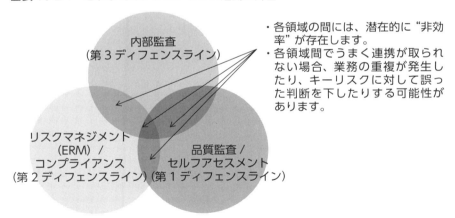

注：IIA「ASSURANCE MAPPING –CHARTING THE COURSE FOR EFFECTIVE RISK OVERSIGHT」を参考にPwC作成

257

第 10 章　ここからはじめる経営監査への挑戦　―内部監査の変革を成功させるための道のり

2.　アシュアランスマップとは

　効果的かつ効率的なアシュアランス活動を提供するためには、他のディフェンスラインとうまく連携することが1つの鍵となります。そのための方法として、ディフェンスライン間のコミュニケーションを促進し、各ディフェンスラインの統制活動の質と効率を高めるためにアシュアランス活動全体の棚卸を行い、グローバル全体でアシュアランスマップを作成・活用することが重要です。

　なお、アシュアランスマップは、2009年に内部監査人協会「専門職的実施の国際フレームワーク」の実施要綱に追加されています。

■アシュアランスマップの効果と目標

- ・企業全体のリスク対応や内部統制の死角の発見と対応（第3ディフェンスラインの視点）
- ・アシュアランス業務の連携強化を通じた（組織全体の）リスク対応力の強化とリスクカルチャーの醸成（第2ディフェンスラインの視点）
- ・アシュアランス業務の重複解消を通じ、現場の監査対応負荷を軽減、本業への専念（第1ディフェンスラインの視点）
- ・グループ全体のリスク、およびそのリスクへの対応状況を俯瞰した上で、内外利害関係者との対話と企業価値創造能力（価値毀損の防止と早期発見を含む）のアピール（経営者の視点）

作成：PwC

3.　アシュアランスマップの作り方

　企業の組織体制やリスクマネジメントプログラムに応じて、どのようなプロセスで、どのようなアシュアランスマップを作成するのが有効かを内部監査部門だけではなく他部門と議論して自社に最適なアシュアランスマップを作成することが重要です。

258

第 2 節　グローバル・アシュアランス・マップの作成・活用

図表 10-2-2　アシュアランスマップの作成方法の例示

作業ステップ	課題と取組みのポイント
①　リスク登録	・マップの縦軸となるリスクカテゴリー（リスクの一覧）は、本社と海外子会社で異なり、各々のリスクカテゴリーを保有していることが多い。リスクカテゴリーとして何を使用するのか。共通のリスクカテゴリーを設けるべきか。 ・"リスク"の定義自体が異なるため、定義の認識合わせが必要となる。
②　ディフェンスラインと各活動の定義	・組織設計が異なることも多いため、各"ディフェンスライン"の部署やアシュアランス活動の定義の認識合わせが必要となる。
③　マッピング作業	・どの活動まで範囲に含めてプロットするのか -「監査」と名のつく活動のみをマッピングの対象とするのか。「セルフアセスメント」「モニタリング」等の「監査」の名がつかない活動も含めるか。
④　マップを用いたコミュニケーションプロトコルの策定	・マップを作っただけでは意味がない。 - マップをベースにどの部署とどの部署がいつのタイミングでどのように連携するのかを策定する必要がある。

作成：PwC

　代表的な作成方法の例は、マッピングの軸となるリスクを決定し、各アシュアランス提供部門（内部監査部門、リスクマネジメント部門などの3つのディフェンスライン）がどのリスクをカバーしているのかをマッピングしていくというものです（**図表 10-2-2** 参照）。

　なお、アシュアランスマップは一度作成したら終わりではなく、企業におけるリスクの変化や組織体制の変更に応じて、他のディフェンスラインと議論をしながらメンテナンスをしていく必要があります。

259

第3節

リスクカルチャーの醸成

1. リスクカルチャーとは

　効果的なリスク管理態勢の構築のために重要なことは、リスク管理の動機付けや奨励を行う企業文化を醸成することです。こうした文化の実現のためには、経営トップ層をはじめ、事業部門、リスク管理部門、人事部門にいたるまで組織横断的に経営者、管理者が責任ある対応をとることが求められます。

　図表10-3-1に示す6つの要素は、リスク管理態勢構築に不可欠な要素ですが、これらの個々の要素を効果的に融合させる接着剤となるのがリスク管理のカルチャーです。リスクカルチャーが醸成された状態においては、リスク管理部門などに依存することなく、組織の各所属員自らがリスクに関する問題を把握して適切な者が適時・適切な行動をとることを期待されます。

2. リスクカルチャー醸成とERM強化

　内部監査の実質的な高度化にあたっては内部監査部門だけではなく、全社一丸となったERM強化が必要となります。現場でいつまでも望ましくない行動が繰り返されれば、内部監査部門は違反、逸脱行為の取締りを続けなければなりません。逆に現場の意識が変わり、リスクや統制に

第3節　リスクカルチャーの醸成

図表10-3-1　リスクカルチャー醸成のための6つの要素

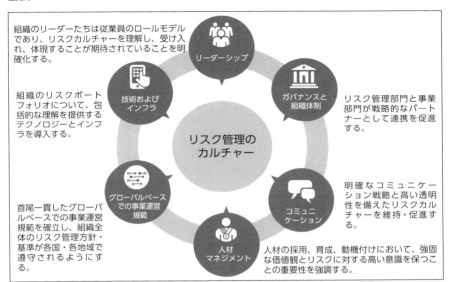

出所：PwC「FS Viewpoint 組織文化変革に向けた処方箋：健全なリスクカルチャーの構築に向けて」（2016年3月）

対する行動・対応が適時・適切に行われれば、内部監査部門は現場の些末なルール・逸脱行為などに煩わされることなく、より高付加価値な分野に注力することができます。

前述したのアシュアランスマップの作成やリスクライブラリの整備といった取組みは内部監査部門とリスク管理部門や現場との対話や協力・協働を必要とするので、取組みそのものを通じて関係者のリスク感度を高め、リスクカルチャーの醸成にも寄与するものと期待されます。

さらに例えばそこで、内部監査部門が違反を取り締まる役割からアドバイザー的役割に軸足をシフトして被監査部門との関係性を変化させることは、ERMの強化とリスクカルチャー醸成化の好循環を創出するための1つの仕掛けとして作用すると期待されます。内部監査部門からリス

261

第 10 章　ここからはじめる経営監査への挑戦　―内部監査の変革を成功させるための道のり

クカルチャー醸成を働きかけていくには、内部監査部門としての取組み
にいかに全社を巻き込んでいくかが大きなポイントといえます。

3．リスクカルチャー醸成に向けた取組み

　PwC のアプローチでは、健全なリスクカルチャーを醸成するためには、
図表 10-3-1 に示す 6 つの要素を重視しています。効果的なリスクカル
チャーを確立するためには、ソフトスキル、全社的な方針およびツール
に関する検討を含む多面的なアプローチが必要です。また、マネジメン
トの姿勢、人材の管理、評価・報酬制度といった組織の価値観や従業員
のインセンティブ付与に係る事項は、リスク管理のカルチャーを支える
基礎となる必要があります。

　前項で説明した取組みの例は、「ガバナンスと組織体制」「コミュニケー
ション」へ働きかける取組みとなります。それ以外の要素についても、
例えば、管理部門に対する監査・改善提言などを通じて内部監査部門の
取組みが間接的にリスクカルチャー醸成に貢献すると考えられます。

　図表 10-3-2 は、リスクカルチャー醸成に役立つ先進的取組みを、要素
ごとにベストプラクティス（優れた内部監査実務）としてまとめたものです。

第 3 節　リスクカルチャーの醸成

図表 10-3-2　リスクカルチャー醸成に役立つ取組み

要素	ベストプラクティス
リーダーシップ	・言動一致の態度をとり、組織にとって望ましいトップの姿勢を示している。 ・リスクの迅速な識別と報告を行い、周囲にもそうするよう促している。
ガバナンスと組織体制	・リスク管理部門と事業部門の関係強化に資する組織体制やコミュニケーション方法の変更を検討している。 ・事業上の重要な意思決定において、どのようにリスクが関係するかを明確に定義し、リスク管理部門と事業部門の協調を促進している。 ・事業上の重要な意思決定に、リスクを識別・管理する能力を有した担当者を配置している。
コミュニケーション	・リスクに対する意識を高める教育研修の材料を、部門、事業部、地域で共有している。 ・すべての従業員に対して報告、迅速な対応、調査、注意を促すような仕組みを構築している。
人材マネジメント	・報奨と懲戒の仕組みを用いて、全役職員がリスク管理活動に対する責任を負っていることを明確にしている。 ・自社のリスクカルチャーの特性が採用基準に反映されるように採用手続を厳密に定めている。
グローバルベースでの事業運営規範	・グローバルな地理的リスクを管理するため、ある地域で生じた事象がどのように他地域に影響を及ぼすかを評価・分析している。 ・必要に応じて現地の事業慣行や運用規範に沿うようにリスク管理手続をカスタマイズしている。
テクノロジーとインフラ	・統合的な意思決定を行うためにテクノロジーへの投資を行っている。 ・製品、顧客、財務指標、人材に関するデータを分析、管理、解釈するためのプロセスを定めている。 ・自社のリスクポートフォリオをあらゆる側面から理解するために、技術インフラやリスクに関するレポーティングを活用している。

出所：PwC「FS Viewpoint 組織文化変革に向けた処方箋：健全なリスクカルチャーの構築に向けて」
　　（2016 年 3 月）

第 **4** 節

リスクレジリエンスの強化

1．リスクレジリエンスとは

［1］ リスクレジリエンスの意義

　様々な経営環境変化やリスクに対する組織的な対応力と業務機能（バリューチェーン）の対応力を、「リスクレジリエンス」と呼びます。想定外のリスク事象や激化する環境変化に対して、いかに柔軟に対応し、持続的な成長を維持していくかが利害関係者の注目を集めています。

　これまでに述べてきた内部監査機能の強化に関する取組みの一方で、自然災害やサイバー犯罪、大型プロジェクトや社運をかけたM&Aの失敗、広範囲のシステム障害や、商品偽装・毒物混入、伝統的な横領や贈収賄など様々な危機やインシデント（想定外の事象）が国内外で発生しています。

　これまでのリスク管理手法や事業継続計画（BCP）だけでは、想定外のリスクに柔軟に対応することが困難であるため、リスクレジリエンスを強化することが重要になってきています。

　テクノロジーの進歩や気候変動と資源不足、急速な都市化の進行、世界の経済力のシフト、人口構造の変化などの世界的なメガトレンドを十分に意識し、経営環境の変化に対して柔軟かつ迅速に適応していく上で、

264

第4節　リスクレジリエンスの強化

リスクレジリエンスを高め発揮することが必要です。

　具体的には、例えば 2011 年の東日本大震災やタイの洪水、2016 年の熊本地震では、地震や洪水を直接被っていない自動車工場などの生産に甚大な影響が及び、サプライチェーン全体の高度化・複雑化に伴うリスクが改めて認識されました。

[2]　リスクレジリエンス強化の重要性

　これらに対応するために企業および産業界では、BCP や広い意味での事業継続マネジメント（BCM）の策定と共有などの事前の備えを進めていますが、個々の企業レベルでの計画の策定にとどまっている場合が多く見受けられます。そのため、これらの計画が机上の空論に終わらないように実効性を高め、想定外の事象に対する経営判断能力とその判断に基づく遂行力（クライシスマネジメント）を高めることが非常に重要になっています（**図表 10-4-1** 参照）。

図表 10-4-1　リスクレジリエンス強化の重要性

これまで	・リスクマネジメントを主体とした取組み ・シナリオベースの BCM での対応

課題	想定外の危機や激化する経営環境変化への対応が困難

解決策	想定外の危機や激化する経営環境へも対応できるよう、リスクや環境変化に対する組織的・業務機能的な対応力や、想定外の危機発生時の対応力を強化

作成：PwC

265

第 10 章　ここからはじめる経営監査への挑戦　―内部監査の変革を成功させるための道のり

2．リスクレジリエンスを高めるための世界的な取組み（ARISE)

　リスクレジリエンスを高めるためには、個々の企業のみならず企業の境界線や国境を越えた取組みが有意義です。このための1つの国連主導のイニシアチブとして、各国の主要企業や各国機関とのコラボレーションを通じて官民連携による災害リスク管理のプラットホーム作りを行う「ARISE」という取組みがあります*1。

　この取組みでは、災害リスク管理に関する世界的官民連携のコミュニティとナレッジポータルから構成されるプラットホームを構築すると同時に、7つのテーマについて活動を進めており、各業界セクターにおけるベタープラクティス集、スタンダードや認証制度、ベンチマークツール、各国のリスクレベルマップ、リスク感応度の高い投資判断モデルといったツール作りに取り組んでいます。

3．リスクレジリエンス強化のアプローチ

　リスクレジリエンスを効果的・効率的に強化するには、リソース・インパクト・ベースのアプローチで取組みを進めることが肝要です。

　リソース・インパクト・ベースのアプローチとは、可能な限り事業上重要なリソースや経営目標およびそれらが毀損された場合の結果事象とそのインパクトに着目して、リスクレジリエンスを強化していくアプローチです。

　個々の多様なリスクシナリオの精度に執着しすぎるよりもむしろ、リスクや変化によるインパクト（結果事象）とインパクトを受けるリソース

＊1　PwC は国連国際防災戦略事務局（UNISDR）と連携し、PwC グローバルネットワークで ARISE の活動をサポートしており、日本においては、2014 年 9 月 1 日に PwC あらた基礎研究所 ARISE コラボレーションオフィスを立ち上げ、日本における ARISE の活動を支援しています。

第4節 リスクレジリエンスの強化

に着目することで、重要度の高い組織的機能や業務機能を明らかにします。

例えばBCPの策定においては、既存の事業を継続するために何が必要かを考えるだけでなく、有事において、仮に一定のリソースしか残らなかった（使用可能ではなかった）場合に、何を捨て、何に注力すべきかを考えることが有意義です。

また、想定外の事象に対する組織的な適用力を高めるためには、訓練の工夫も必要です。BCMやBCPを策定して従業員がそれを理解・共有することでマニュアルを見なくても行動できるようにトレーニングを行うことも重要です。しかし一方で、想定外の事象への対応力を高めるためには、シナリオを開示しない状態で研修を実施し、マニュアルに記載されていない事態に対する意思決定力や社内外の連携力を高める訓練を行うことも重要です[2]。

4．リスクレジリエンス強化に関する内部監査部門の貢献

リスクレジリエンスの成熟度合に応じて、内部監査部門は様々なアプローチをとることが可能です。

例えば、個別の企業・拠点においてBCMやBCPがどの程度整備・周知されているかを確認することも基礎的なアプローチの1つです。また、リスクレジリエンスに対する取組みが、全社的にどのように企画・運用されているかを把握することも重要なアプローチの1つです。

特に、想定外の事態に対する備えをどのように経営者が受け止めて準

---

[2] 例えば、危機管理力を高めて想定外の事象に個々の企業の経営陣や産業界が対応できるようにするための訓練として、経済産業省では「シナリオ非提示型シミュレーション演習」を2013年に実施しました。当該演習の資料や演習の模様は次のサイトで公開されています。

　http://www.meti.go.jp/policy/safety_security/bcp/

267

第 10 章　ここからはじめる経営監査への挑戦　—内部監査の変革を成功させるための道のり

備をしているかについて、監査役・監査委員会等との連携のもとで具体的な監査要点を定め、場合によっては主要取引先の内部監査部門と合同で、定期的にその対応状況について監査を実施したり資料の査閲の結果をもとに助言を行ったりすることも大切です。

第5節

ベストプラクティスに学ぶ
—PwC 内部監査全世界実態調査から得られた示唆

1．PwC 内部監査全世界実態調査の概要

　PwC では毎年、全世界規模で内部監査の実態調査を実施し、調査レポートを公表しています。12 回目を迎えた 2016 年の内部監査全世界実態調査には、世界 40 か国の約 1,700 名が参加しました。その内訳は、58％が内部監査部門長（CAE）、または、その直属の部下である内部監査関係者であり、残りの 42％が組織内で内部監査の利害関係者であるマネジメントや役員会メンバー等となっています。

　このような定量的調査（アンケート調査）に加えて、さらなる洞察を得るために約 100 名の CAE や利害関係者に対して対面インタビューを実施し、定性的調査もあわせて行いました。その結果、内部監査機能に関する統計データに加えて、特定企業の優れた監査実務（ベストプラクティス）や CAE と利害関係者の発言が調査レポートにおいて具体的に紹介されています。

2．内部監査部門の変革のための有効なアクション

　ここ数年の調査では、内部監査が利害関係者の期待に応えて組織に重要な価値を提供するためにはどうしたらよいか、また、内部監査のパフォーマンスが良好であると利害関係者から評価されるにはどうしたら

269

第 10 章　ここからはじめる経営監査への挑戦　―内部監査の変革を成功させるための道のり

よいかといったテーマを中心に取り扱ってきました。

　最新の調査では、同様の視点に立ちながらより踏み込んだ形で CAE の
リーダーシップが果たす役割に着目したところ、①内部監査が組織に対
して価値貢献するためにはリーダーシップが重要であること、②利害関
係者から高い価値を認められている内部監査部門のリーダーは、そうで
はない内部監査部門のリーダーと比べて、**図表 10-5-1** に示す 5 項目にお
いて卓越した特性を有していることが明らかになりました。

　経営監査への挑戦を歩んでいくためにはこれらの 5 項目について CAE
が自ら率先して変革を起こすと同時に、利害関係者と対話を行っていく
ことが非常に有効であることを示唆しています。

3．経営監査への挑戦の開示と対話

　内部監査部門の取組みを企業価値創造に、より密接に結びつけていく
ためには、内部監査としての取組みを品質や価値を評価した上で、積極
的に社内外の利害関係者に開示し、持続的な改善サイクルを構築するこ
とが重要です。PwC が毎年実施している内部監査全世界実態調査の結果
では、信頼されるアドバイザーとしてサービス[3] を提供している CAE は、
多角的なコミュニケーション戦略をとっており、内部監査部門の役割や
期待、パフォーマンスギャップについて主要な利害関係者全員と議論す
ることを重視していることが示されています（**図表 10-5-2** 参照）。

---

[3]　例えば、ビジネスに対し継続的に付加価値のあるサービスと主体的な戦略アド
　　バイスを提供することを通じてより幅広く利害関係者の期待に応えることです。

第5節　ベストプラクティスに学ぶ

図表 10-5-1　内部監査がより高い価値を発揮するために CAE と社内の利害関係者が
とるべきアクション

	内部監査部門長（CAE）：リードする	利害関係者：可能性を与える
ビジョン	戦略的目標に沿ったビジョンを築く。	内部監査リーダーに、内部監査とビジネス戦略の連携について責任を負わせる。
人材最適化	人材のメンタリングと育成を行うとともに、外部の人材で補完する。	内部監査の人材に関する期待についてコミュニケーションを図る。
ポジション	組織内で地位を確立する行動をとる。	コントロールとプロアクティブなリスクマネジメントに関連する組織の姿勢を示して、内部監査に権限を委譲する。
コミュニケーション	関心を引き、結果に影響を及ぼすような影響力を持ってコミュニケーションをとる。	意思決定にかかる時間の最適化を内部監査に促すため、フィードバックを提供する。
ビジネスとの方向性の一致	ビジネスへの関与レベルを上げるため、信頼関係を築く。	助言によって協力し、内部監査により一層の期待を伝える。

出所：PwC「第 12 回内部監査全世界実態調査（2016 年）」

271

第 10 章　ここからはじめる経営監査への挑戦　―内部監査の変革を成功させるための道のり

図表 10-5-2　「信頼されるアドバイザー」たる CAE が重視するコミュニケーション
　　　　　　戦術

項目	内容
A	内部監査の権限について監査委員会議長や取締役会と意見交換を行う。
B	少なくとも年 1 回、内部監査部門の役割が期待に見合っていることを確認するために主要な利害関係者との意見交換を行う。
C	内部監査の権限と組織内の役割について合意するために、内部監査部門のマネジメントと監査委員会議長が会合を開く。
D	内部監査の権限と組織内の役割について事業部門の会合でトップダウンの意見交換を行う。
E	内部監査の権限について内部監査部門内で意見交換を行う。
F	内部監査のパフォーマンスと利害関係者の期待に応えているかについて、利害関係者に定期的に調査を行う。
G	内部監査の権限について話し合うために、規制当局や外部監査人と会合を開く。
H	内部監査部門の憲章・規程を会社のイントラネット（企業内ネットワーク）に掲載する。

出所：PwC「第 10 回内部監査全世界実態調査（2014 年）」

索　引

ア行

アシュアランス活動　256, 257, 258, 259
アシュアランスプロバイダー　13
アシュアランスマップ　10, 256
一般社団法人日本内部監査協会　250
移転価格　103, 109, 110, 111, 112, 113, 114
伊藤レポート　3, 105
英国贈収賄法　76

カ行

会社法　2, 40, 216, 231, 237
外部委託（アウトソーシング）　59, 72,
　130, 146, 150
稼ぐ力　6, 105
仮想化技術　133, 134, 136
ガバナンス・デュー・デリジェンス
　50, 51
監査役監査基準　215
管理可能項目　102
キーコントロール　24, 127
企業の社会的責任　70, 106
クラウド　131, 132, 133, 134, 135, 140,
　150, 193
経済協力開発機構　111
継続的監査　56, 172, 189, 190, 195
継続的モニタリング　172, 189
コアコンピタンス　45
広域経済連携　90, 98
公認内部監査人　250, 255
公認不正検査士協会　203, 204
コーポレートガバナンス　2, 5, 6, 9, 12,
　106, 107, 217
コーポレートガバナンス・コード　2, 3, 5,

6, 7, 8, 11, 91, 216

サ行

サイバーセキュリティ　72, 141
残余リスク　39, 151, 154
プロジェクト監査　124
シナリオ非提示型シミュレーション演習
　267
主要業績評価指標　115, 238
主要リスク指標　29, 190
COSO 内部統制フレームワーク　28
信頼されるアドバイザー　13, 270, 272
攻めのガバナンス　5, 6, 91
贈収賄　69, 76, 79, 204

タ行

第三者委員会　208, 214
ダイバーシティ経営　235, 245
地政学リスク　98
中長期経営計画　91, 240
データアナリティクス　164, 165
データガバナンス　162
データ・プライバシー　71
ディフェンスライン　9, 38, 222, 232, 256
適正評価手続（デュー・デリジェンス）
　51
デジタルビジネス　141
デジタルフォレンジック　192
統合報告　3, 229
透明性開示規制　83

ナ行

内部監査基準　251
内部監査人協会　8, 232, 250, 258

273

内部監査の外部品質評価　250
内部監査の専門職的実施の国際基準　250
内部統制の統合的フレームワーク　28
日本再興戦略　2, 3, 6, 19
スチュワードシップ・コード　2

ハ行

パナマ文書　104
ビジネスエコシステム　141, 142, 143
不祥事対応のプリンシプル　211
不正調査ガイドライン　213, 221
プロセスマイニング　186

マ行

マネジメント・アプローチ　45
マネジメント・コックピット　45

ラ行

リスク・コミュニケーション　150, 223
リスクアセスメント　57, 74, 154, 197, 223
リスクカルチャー　115, 118, 157, 160,
　220, 258, 260
リスクライブラリ　37, 42, 203, 261
リスクレジリエンス　264
レピュテーショナルリスク　61, 67, 103,
　104
連邦海外腐敗行為防止法　76

英数字

ARISE　266
BCM　265, 267
BCP　264, 265, 267
BEPS　104, 109, 111
CAAT　21, 56, 166, 174, 183, 195, 205
CAE　269, 271, 272
CDO　164

COSO　19, 25, 28, 217
CSIRT　146, 150, 157, 160
EBITDA　105
ERM　25, 33, 103, 238, 257, 261
ESG　3, 234
FCPA　76, 78, 79, 80, 81
GDPR　71
IaaS　133, 134
IPA　149
IT ガバナンス　162, 167, 168
IoT　123, 141, 193
M&A　47, 80, 241
NISC　147
OECD　76, 77, 107, 111, 112
PaaS　133, 134
PE　103, 112
PMI　51, 58, 80
SaaS　133, 134
SOC　138, 150, 157, 160
SOX　9, 18, 25, 37, 42, 167, 183, 188, 192
TOM　117
TPP　90, 91, 92, 94

〈法人紹介〉

■ PwC Japan グループ

PwC Japan グループは、日本における PwC グローバルネットワークのメンバーファームおよびそれらの関連会社（PwC あらた有限責任監査法人、PwC 京都監査法人、PwC コンサルティング合同会社、PwC アドバイザリー合同会社、PwC 税理士法人、PwC 弁護士法人を含む）の総称です。各法人は独立した別法人として事業を行っています。

複雑化・多様化する企業の経営課題に対し、PwC Japan グループでは、監査およびアシュアランス、コンサルティング、ディールアドバイザリー、税務、そして法務における卓越した専門性を結集し、それらを有機的に協働させる体制を整えています。また、公認会計士、税理士、弁護士、その他専門スタッフ約 5,500 人を擁するプロフェッショナル・サービス・ネットワークとして、クライアントニーズにより的確に対応したサービスの提供に努めています。

PwC は、社会における信頼を築き、重要な課題を解決することを Purpose（存在意義）としています。私たちは、世界 157 カ国に及ぶグローバルネットワークに 223,000 人以上のスタッフを有し、高品質な監査、税務、アドバイザリーサービスを提供しています。詳細は www.pwc.com をご覧ください。

■ PwC あらた有限責任監査法人

PwC あらた有限責任監査法人は、卓越したプロフェッショナルサービスとしての監査を提供することをミッションとし、世界最大級の会計事務所である PwC の手法と実務を、わが国の市場環境に適した形で提供しています。さらに、国際財務報告基準（IFRS）の導入、財務報告に係る内部統制、また株式公開に関する助言など、幅広い分野でクライアントを支援しています。

〈執筆・監修者紹介〉

●出口 眞也（でぐち しんや）（全編の監修）

PwC あらた有限責任監査法人　パートナー　公認会計士
PwC Japan グループにおける内部監査サービスのリーダー。25 年以上の財務諸表監査、内部統制
監査および内部監査の実務経験に加えて、システムおよびデータセキュリティに関連するものを含
め、ガバナンス、リスクおよびコンプライアンスのトピックに係る幅広いアドバイザリー業務経験
を有する。現在 JETRO の契約監視委員を兼務。

●久禮 由敬（くれ よしゆき）（全編の企画・執筆・監修）

PwC あらた有限責任監査法人　パートナー
PwC Japan グループにおけるデータアシュアランスのリーダー。経営コンサルティング会社を経
て、現 PwC あらた有限責任監査法人に入所。財務諸表監査・内部統制監査・IT 監査や内部統制に
かかわるアドバイザリー業務、コーポレートガバナンス強化（ガバナンス・リスク・コンプライア
ンス強化）、CAAT（コンピュータを利用した監査ツール）を利用したデータ監査、内部監査支援、
不正調査、リスク管理態勢の構築・改善支援、不正再発防止策検討・実行支援、IFRS 対応支援、
統合報告をはじめとするコーポレートレポーティングの開示に関する調査・研究・支援等に多数従
事。

●綾部 泰二（あやべ たいじ）（第 6 章執筆・監修）

PwC あらた有限責任監査法人　パートナー
大手監査法人に入所後、システム子会社へ出向し、主にビジネスプロセスの変革などを実施。それ
以降は、主に IT ガバナンス、システムリスク管理、情報セキュリティ関連の業務に従事している。
銀行、保険、証券会社、大手メーカー、大手通信、大手自動車など、業種を問わず IT ガバナンス、
システムリスク管理、情報セキュリティ関連のサービスを提供している。特にプロジェクトリスク
評価の実績を多数有している。

●宮村 和谷（みやむら かずや）（第 10 章 4 節監修）

> PwC あらた有限責任監査法人　パートナー
> PwC Japan グループにおいて、国連 ISDR 主導の ARISE イニシアティブの推進、およびレジリエンスに関わるアドバイザリー業務をリードしている。BCM 構築・高度化支援や BCP シミュレーション、ERM やリスクガバナンスおよびサービス管理といった組織的リスク対応力の強化支援、危機からのリカバリー支援、業務立上げや組織・システム変革等に際してのプロジェクトガバナンス支援、セキュリティマネジメント強化支援等、組織・プロセス・システム・データに係るレジリエンス強化のアドバイザリーを担当。

●駒井 昌宏（こまい まさひろ）（第 10 章第 1 節執筆・監修）

> PwC あらた有限責任監査法人　ディレクター　公認会計士
> PwC にて国内外の金融機関、事業法人、公的機関に対するガバナンス、リスクマネジメント、コンプライアンス、内部監査、不正リスク対応の分野でアドバイザリーサービスを提供している。内部監査の分野では、内部監査の外部品質評価および内部監査の高度化支援を中心に、内部監査のアウトソーシング・コソーシング業務等の内部監査サービスを提供している。

●小滝 健一（こたき けんいち）（第 4 章第 2 節執筆・監修）

> PwC あらた有限責任監査法人　ディレクター
> 外資系コンサルティング会社、監査法人系コンサルティング会社を経て、現 PwC あらた有限責任監査法人に入所。US SOX404 条、J-SOX 対応支援において IT 統制に係る業務に多数従事。また、主に金融機関に対して、個人情報管理態勢の評価および改善支援、海外のセキュリティ関連規制に基づく監査など、グローバル展開企業に対する様々なアドバイザリー業務経験を有する。

●中山 崇（なかやま たかし）（第 7 章、第 8 章監修）

> PwC あらた有限責任監査法人　ディレクター　公認会計士
> 大手監査法人を経て、現 PwC あらた有限責任監査法人に入所。財務諸表監査、内部統制監査、決算早期化支援、XBRL 導入支援、US 上場企業の XBRL ファイリング支援業務に従事後、CAAT を利用した内部監査支援等を経験。現在は、データを活用した監査アプローチの開発および CAAT を活用した内部監査支援業務を提供、データレベルでの監査保証に関する研究に従事。

●髙木 和人（たかぎ かずと）（第5章執筆、第2章、第4章監修）

> PwC あらた有限責任監査法人　ディレクター　公認会計士
> 大手監査法人にて財務諸表監査を経験した後、香港に赴任し、日系企業の現地進出を支援。帰国後、大手事業会社における税務業務を担当。その後、日本の大手事業会社に入社し、海外販売子会社の内部監査を担当。中期経営計画の編成や KPI（主要業績評価指標）の設定・評価業務にも従事。現 PwC あらた有限責任監査法人入所後は、国内外の企業に対するグローバル内部監査支援、リスク管理高度化支援、IIA 大会等を含む各種講演等幅広く担当。

●和泉 義夫（いずみ よしお）（第10章第5節執筆）

> PwC あらた有限責任監査法人　シニアマネージャー
> 現 PwC あらた有限責任監査法人入所後、SEC 登録日本企業、外資系企業の会計監査業務等に従事した後、現在は国内大手上場企業の海外子会社ガバナンス構築支援や海外子会社内部監査支援、グローバル内部監査体制構築支援、内部監査の外部品質評価支援、監査役監査支援、J-SOX 対応支援等に従事。「COSO ERM レポート」および「改訂 COSO 内部統制フレームワーク」翻訳プロジェクトメンバー。

●白髭 英一（しらひげ えいいち）（第3章執筆）

> PwC あらた有限責任監査法人　シニアマネージャー　公認会計士
> 現 PwC あらた有限責任監査法人入所後、主として製造業の国内上場会社および海外会社の本邦子会社などの財務諸表監査、内部統制監査および会計アドバイザリー業務に従事。内部統制評価制度関連では、海外子会社への J-SOX 導入支援や海外会社の本邦子会社への US SOX 導入支援業務にも関与。現在は、製造・流通・サービスガバナンス・リスク・コンプライアンス・アドバイザリー部に所属し、主として内部監査支援業務に従事。IIA 大会等を含む各種講演等も担当。

●皆本 祥男（みなもと さちお）（第8章執筆）

> PwC あらた有限責任監査法人　シニアマネージャー　公認会計士
> 投資ファンドおよび不動産運用会社等の資産運用会社に対する会計監査およびアドバイザリー業務に従事した後、不正・不祥事発生企業における不正調査および不正モニタリング態勢構築支援のプロジェクトに多数従事。また、省庁等が行う補助事業および科研費等にかかる経理モニタリングおよび不正等防止のための内部管理態勢構築支援業務に豊富な経験を有している。現在、日本公認会計士協会不正調査専門部会の専門委員を務める。

●佐々木 康之（ささき やすゆき）（第3章、第4章、第8章執筆）

> PwC あらた有限責任監査法人　マネージャー　公認会計士
> 日本国内の上場企業の財務諸表監査・内部統制監査、海外上場企業の日本子会社等に対する国際財務報告基準や米国会計基準に基づく会計監査に従事。内部統制評価制度の対応支援および内部統制の構築状況の検証・改善支援に従事。内部統制構築支援においては海外子会社への J-SOX 導入や最適化に関する業務にも多数従事。現在は、主に内部監査支援、リスク管理態勢の構築・改善支援、不正調査、不正再発防止策検討・実行支援等の業務に従事。IIA 大会等を含む各種講演等も担当。

●饒村 吉晴（じょうむら よしはる）（第6章執筆）

> PwC あらた有限責任監査法人　マネージャー
> システム開発、コンサルティングファーム、起業および経営、大手 IT ベンダーを経て、現 PwC あらた有限責任監査法人に入所。製造業や金融業を中心に、経営管理、マーケティング、情報管理、内部統制の分野でコンサルティングやプロジェクト管理の実績多数。事業戦略やマーケティング戦略の分野も得意。近年は IoT やクラウドにともなう管理基準策定などに従事。

●山内 哲也（やまうち てつや）（第7章監修）

> PwC あらた有限責任監査法人　マネージャー　システム監査技術者　CIA　CISA　CFE
> 内部統制監査と導入アドバイザリー業務に携わりながら、現 PwC あらた有限責任監査法人におけるデータアシュアランス業務の設立時からデータ分析、CAAT に従事している。業務プロセスと会計システムのデータ連携・データ構造を理解した上での、データ分析に強みを持つ。

●浅水 賢祐（あさみず けんすけ）（第7章執筆）

> PwC あらた有限責任監査法人　マネージャー
> 財務諸表監査、内部統制監査、IT 監査や内部統制に係るアドバイザリー業務、CAAT を利用したデータ監査、不正調査、業務改善アドバイザリー業務など多数従事。

●藤井 美明（ふじい よしあき）（第7章監修）

> PwC あらた有限責任監査法人　マネージャー　公認会計士　CISA
> 公認会計士として財務諸表監査に関与するとともに、システム監査や CAAT 活用支援のアドバイザリー業務、不正調査などの業務に幅広く従事。また、2016 年より日本公認会計士協会 IT 委員会未来の監査専門委員会委員に就任。

●中村 良佑（なかむら りょうすけ）（第9章第1節・第2節執筆）

PwC あらた有限責任監査法人　マネージャー　公認会計士
上場企業の財務諸表監査、内部統制監査に従事後、品質管理部門において IFRS および日本基準の調査・研究や質問対応、書籍等の執筆に携わる。現在は、統合報告をはじめとするコーポレートレポーティングに関する調査・助言等に幅広く従事。

●田中 洋範（たなか ひろのり）（第9章第3～第5節、第10章執筆）

PwC あらた有限責任監査法人　マネージャー
外資系経営コンサルティングファームにおいて、業務プロセス改善におけるコンサルティング業務等に従事。現 PwC あらた有限責任監査法人に入所後は、海外拠点への内部監査支援業務や日系企業の海外進出支援業務等に従事。商社、化粧品、旅行代理店、産業機械メーカー等のグローバル企業を幅広く担当。

●今村 峰男（いまむら みねお）（第7章執筆）

PwC あらた有限責任監査法人　シニアアソシエイト　公認会計士
大手監査法人勤務を経て、現 PwC あらた有限責任監査法人に入所。財務諸表監査、内部統制監査、システム監査に加え、CAAT の活用・適用支援、CAAT を活用した不正調査・再発防止策導入支援、ガバナンス・リスク・コンプライアンス態勢の強化支援、国内外の内部監査強化支援等に幅広く従事。

●沼尻 敦子（ぬまじり あつこ）（第2章、第10章執筆）

PwC あらた有限責任監査法人　シニアアソシエイト　公認会計士
四大監査法人にて上場企業の財務諸表監査、内部統制監査に従事後、在英の日本企業の地域統括会社にて内部監査業務に携わる。現 PwC あらた有限責任監査法人に入所後は、上場企業の監査役監査のサポート業務、海外監査における調査支援業務、内部監査の外部品質評価業務等に関与している。

●海老原 直樹（えびはら なおき）（第6章執筆）

PwC あらた有限責任監査法人　シニアアソシエイト
大手コンサルティングファームにおいて、業務プロセス分析・改善およびシステム開発におけるプロジェクトマネジメントまで多数のプロジェクトに参画。現 PwC あらた有限責任監査法人に入所後は内部監査支援、リスク管理態勢の構築・改善支援を中心に海外子会社に対する J-SOX 評価支援や国内上場企業に対するテーマ監査支援など多数のプロジェクトに従事。

●河合 巧（かわい たくみ）（第4章第5節執筆、第9章第3節・第5節監修）

PwC あらた有限責任監査法人　シニアアソシエイト
中央官庁において日本企業の外国市場展開支援に関する政策立案に従事。その後、シンガポールの
コンサルティングファームにおいて日本企業の外国市場展開における戦略の立案と実施を支援に参
画。現 PwC あらた有限責任監査法人に入所後は内部監査支援、コーポレートガバナンス強化、不
正調査・リスク管理体制の構築・改善支援、ESG・無形資産投資に関する調査・研究、ダイバーシティ
経営に関する調査・研究、広域経済連携に関する調査・研究等に幅広く従事。

●柏原 千晶（かしわばら ちあき）（第10章第5節執筆）

PwC あらた有限責任監査法人　シニアアソシエイト　米国公認会計士
大手監査法人において日本基準での会計監査、国内および海外の M&A に係る財務デューデリジェ
ンス、株式公開支援等を経験した後、現 PwC あらた有限責任監査法人に入所。外資系企業の内部
監査支援業務等に従事。

●土田 浩之（つちだ ひろゆき）（第2章第5節監修）

PwC あらた有限責任監査法人　シニアアソシエイト　中小企業診断士
事業会社、経営コンサルティングファームを経て、現 PwC あらた有限責任監査法人入所。クロスボー
ダー M&A におけるデューデリジェンス（財務、非財務）、買収後 PMI 等の組織再編に関するアド
バイザリー業務、スタートアップエコシステムに関する調査業務、海外内部監査支援等に従事。

●中江 郁子（なかえ いくこ）（第4章監修）

PwC あらた有限責任監査法人　シニアアソシエイト
リスクコンサルティング会社を経て、現 PwC あらた有限責任監査法人に入所。現在は PwC UK に
長期出向し、リスクおよびコンプライアンス関連アドバイザリー業務を英国およびグローバル企業
に提供している。

●エリック イウ（第7監修）

PwC あらた有限責任監査法人　シニアアソシエイト
データ・アナリティクスとデータ・ビジュアライゼーションの専門家として、PwC UK より異動。デー
タ・ビジュアライゼーションを活用したダッシュボードの作成、データの品質とセキュリティの監
査、データガバナンスの監査、ビジネスプロセスのレビューと不正防止対応を中心に CAAT と内
部監査支援サービスに従事。

●夛田 桂子（ただ けいこ）（第 1 章、第 2 章執筆、全編のとりまとめ担当）

PwC あらた有限責任監査法人　アソシエイト

IT 関連企業でシステムエンジニアとして従事後、事業会社の内部監査部門を経て、現 PwC あらた
有限責任監査法人に入所。現在は、内部監査に係るアドバイザリー業務を中心に、グローバル内部
監査支援や J-SOX 評価支援など多数のプロジェクトに従事。

● PwC 税理士法人（第 5 章監修）

PwC グローバルネットワークの日本におけるメンバーファームで、公認会計士、税理士等約 590 人
を有する日本最大級のタックスアドバイザーとして、法人・個人の申告をはじめ、金融・不動産関連、
移転価格、M&A、事業再編、国際税務、連結納税制度等、幅広い分野において税務コンサルティ
ングを提供。

なお、出版にあたって以下の方々にもご協力いただきました（順不同）。
可知 宣和、相原 かおり、眞下 めぐり、酒井 宏子、谷川 景子

お わ り に

　企業経営を取り巻くリスクも、その対応策も時々刻々と変化しています。そのような中で、企業経営者や社内外のステークホルダーが安心して自信を持って日々の経営意思決定や業務遂行に取り組む上で、内部監査への期待はますます高まる一方です。内部監査部門が、持続的に企業価値創造を実現できているかどうかを常に検討・モニタリングし、何がその阻害要因なのかを早期に突き止め、経営の執行側と監視側に報告できているかどうか、また内部監査部門長は、経営者の頼れるパートナーとなり得ているかどうかが試されています。

　PwC では、グローバル連携のもとで、毎年、内部監査全世界実態調査を実施してきました（本調査では、回答いただいた企業の方に個別のフィードバックレポートを提供しています。関心をお持ち方は、PwC 担当者まで連絡をいただけますと幸甚です）。過去 10 年の調査結果を振り返ると、内部監査部門への期待が過去に例を見ないほど高まっていることを改めて感じます。

　本書は、日頃、お仕事をご一緒させていただいている実務家の方々との対話なくしては成り立ちませんでした。改めてお礼を申し上げます。また、本書の刊行に際しては、株式会社清文社の森川氏、鶴崎氏、中村氏、村上氏に多くの助言とご尽力をいただきました。この場をお借りして厚くお礼申し上げます。

　経営に資する内部監査、すなわち経営監査はどうあるべきか。この挑戦に終わりはありません。ぜひ今後も実務家の皆様とともに試行錯誤を行いつつ、コーポレートガバナンスやリスクマネジメント、そして内部監査の世界にあらたな風を吹き込むとともに、デジタル時代における経営監査のあり方について探求し、精進を重ねてまいりたいと思います。

　2016 年 12 月

編著者一同

経営監査へのアプローチ

企業価値向上のための総合的内部監査 10 の視点

2017 年 1 月 16 日　発行

編　者　PwC あらた有限責任監査法人 ⓒ

発行者　小泉　定裕

発行所　株式会社 清文社

東京都千代田区内神田 1 - 6 - 6（MIF ビル）
〒101 - 0047　電話 03（6273）7946　FAX 03（3518）0299
大阪市北区天神橋 2 丁目北 2 - 6（大和南森町ビル）
〒530 - 0041　電話 06（6135）4050　FAX 06（6135）4059
URL http://www.skattsei.co.jp/

印刷：倉敷印刷㈱

■著作権法により無断複写複製は禁止されています。落丁本・乱丁本はお取り替えします。
■本書の内容に関するお問い合わせは編集部まで FAX（03-3518-8864）でお願いします。

ISBN978-4-433-64386-7